Collection dirigée par le professeur Roger Brunet,
assisté de Suzanne Agnely et Henri Serres-Cousiné.

beautés de la France

LE LANGUEDOC
&
LE ROUSSILLON

Librairie Larousse
17, rue du Montparnasse, 75006 Paris.

Sommaire

Dans chaque chapitre figure une carte originale de Roger Brunet.

Les numéros entre parenthèses renvoient aux folios placés en bas de page avec les titres abrégés des chapitres (1. Gorges du Tarn — 2. Cévennes — 3. Nîmes — 4. Villages, vignes du Languedoc — 5. Carcassonne — 6. Côte Languedoc-Roussillon — 7. Montagnes et abbayes catalanes).

1. Canyons et avens du pays caussenard

rédigé par Pierre Marchant

Le reportage photographique a été réalisé par
Christian Michel-Explorer,
à l'exception des photos
p. 16 (haut), Mopy-Rapho;
p. 18 (haut et bas), R. Brunet;
p. 19 (bas), P. Tétrel.

2. Les murailles du Languedoc, des Cévennes au Sidobre

rédigé par André Séverac

Le reportage photographique a été réalisé par
Jean-Jacques Arcis-Rapho,
à l'exception des photos
p. 4, Binois-Pitch;
pp. 5, 16-17 (bas), Charbonnier-Top;
p. 13 (haut), Auvin-Top;
p. 13 (bas), Silvester-Rapho.

Notre couverture :

Dans un site boisé du Conflent,
le village de Molitg
et l'église Saint-Isidore.

Phot. Harold Chapman - Fotogram.

6. Côte Vermeille
et littoral languedocien

rédigé par Christian Plume

Le reportage photographique a été réalisé par
Christian Errath,
à l'exception des photos
p. 2, Marineau-Top;
pp. 3 (bas), 13 (bas), Donnezan-Rapho;
pp. 4-5, P. Tétrel;
p. 7, Délu-Explorer;
pp. 9, 17 (bas), 18, 19 (bas), J.-C. Meauxsoone;
p. 11, Lawson-Rapho;
p. 12, M. Garanger;
p. 14 (haut), Marmounier-Cedri;
p. 16 (haut), Engel;
p. 17 (haut), J. Verroust.

7. Montagnes et abbayes
en terre catalane

rédigé par Gérald Pechmèze

Le reportage photographique a été réalisé par
Harold Chapman-Fotogram,
à l'exception des photos
pp. 2-3 (haut), 13 (haut), 16 (haut), Donnezan-Rapho;
p. 12, Veiller-Explorer.

Languedoc et Roussillon.

LE VIGNOBLE du Languedoc a une si forte personnalité qu'on croit, trop souvent, que le Languedoc entier s'y résume : c'est être bien injuste. La région officielle du Languedoc-Roussillon, qui est ici présentée, est autrement diverse, et même contradictoire.

Il est vrai qu'elle inclut le pays catalan, dont l'histoire fut longtemps différente, comme le parler, et qui, passé le redoutable fort de Salses, qui a l'air de défendre une épaisse frontière, demeure en France un petit monde à part : ce Roussillon qui, de la Cerdagne à la côte Vermeille, du Carlit au Barcarès, réunit une incroyable densité de paysages, de sites, de traditions et d'œuvres d'art, et résume en un mouchoir de poche tout le Languedoc, sans lui avoir jamais appartenu.

En revanche, la région n'englobe pas tout le Languedoc historique, le Velay par exemple, et plus encore Toulouse, qui ne fut rien de moins que sa capitale... Ainsi réduit et étendu, le Languedoc d'aujourd'hui est encore bien complexe et bien chatoyant, qui va des fougères lozériennes aux lièges des Albères, des neiges de l'Aigoual aux sables brûlants de Sète : tout le rivage du golfe du Lion, avec son immense amphithéâtre de montagnes.

Tout en haut, où montaient au printemps les longs troupeaux de brebis, par les ruelles étroites de villages tassés et par les larges drailles sinuant sur les crêtes, s'étalent les Grands Causses, arides l'été, glacés l'hiver, splendides toujours. Rugueux au point de ressembler à des villes en ruine, pommelés de sotchs, forés d'avens aux merveilles cachées, coupés par les profondes entailles des gorges du Tarn, et aussi de la Jonte, de la Dourbie, de la Vis, les Grands Causses ne ressemblent à rien d'autre. S'ils ne partagent rien, ils sont doublement partagés : entre deux régions; entre les agneaux et l'armée...

Les isolant de la plaine, un balcon sauvage, vigoureux, si large et si découpé qu'il est à lui seul un monde à part, et non plus un simple versant : les Cévennes. Les Cévennes... Des serres aux pentes si raides qu'il a fallu les tailler en escaliers, en remontant la terre après chaque orage. Des versants de châtaigniers et de mûriers, de gros mas isolés, des vallées presque fermées où courent les gardons aux brusques montées de colère. Une montagne refuge aux reflux successifs, et où la tradition du Désert protestant, quoique maintenue, pâlit devant l'invasion touristique. Comment ne pas comprendre ces hommes des «pays bas» qui viennent ici chercher une hauteur de vues, une autre forme de refuge, dans un des plus beaux sites d'Europe et à proximité de la mer?

Vers l'ouest, l'altitude, comme la majesté, comme la rudesse s'atténuent. Par l'Espinouse et la Montagne Noire, on glisse vers les cieux aquitains, où il y a moins d'excès, plus de tiédeur. Il faut, par l'aride houle des Corbières, aller au sud jusqu'au pays catalan pour retrouver une vraie montagne, avec autant de grandeur, de sauvage beauté, et des refuges encore, qui font du Canigou une autre, mais tout autre, montagne sacrée.

Qu'il est difficile de quitter le pas de Soucy ou Navacelles, Quéribus ou Saint-Michel-de-Cuxa, la Can de l'Hospitalet ou Villefort, pour redescendre en plaine! Du moins la transition, pour si brusque qu'elle soit, n'est jamais banale. Que ce soit par Anduze ou par Païolive, par le pas de l'Escalette ou par le Minervois, en dévalant le Vallespir ou le Conflent, le pied de la montagne ne laisse pas indifférent non plus. Saint-Guilhem-le-Désert y fait écho à Serrabone, pour la plus grande gloire de l'art roman. Minerve et Balazuc, Eus et Palalda valent tous les villages provençaux. Et l'on y fait encore les meilleurs vins du Languedoc, même si la vigne est, maintenant, maîtresse de la plaine, qu'elle a submergée voici un siècle.

Là, sur quelques lieues de large à peine, s'étire un long, très long couloir tout tapissé de ceps, ponctué de gros villages où «la coopé» en impose plus que l'église. Vers l'est, ayant mis l'eau du Rhône dans sa vigne, le Languedoc se couvre de vergers. Un peu partout, la roche perce, et le vignoble cède alors la place à l'odorante garrigue, où nichaient seules quelques abbayes, parfois un château, avant que les citadins n'y multiplient cabanons et mazets. C'est qu'au long de ce couloir se succèdent les villes rivales, toutes les sept lieues, ou à peu près. Aux extrémités, les plus singulières : la romaine, la féodale, la catalane, Nîmes, Carcassonne, Perpignan. Au centre, les plus vigneronnes et les plus bourgeoises, chacune tapie jalousement au sein de ses vignobles; avec, brillant modestement au fronton, ce joyau de venelles et d'hôtels, de cours et de placettes qu'est Pézenas.

Aucune de ces villes, sauf Sète, n'est en bord de mer : le littoral, longtemps, ce furent les raids des Barbaresques, et les fièvres au bord des étangs. On n'y voyait guère, et depuis peu, que ces colonies de cabanes et de baraquettes qu'à Valras ou Palavas les cités du Languedoc avaient poussées de bric, de broc et de bois. C'est maintenant un festival de villes nouvelles, audacieuses parfois, belles souvent, exposant à la tramontane et au marin des façades peintes, dont on espère qu'elles garderont leur fraîcheur originelle; avec des marinas bien abritées, d'où les voiliers ne sortent qu'entre deux coups de vent, c'est-à-dire en coup de vent. Un littoral qui passe pour étranger, imposé du dehors, et qui trouble le sentiment régional; comme si le soleil pouvait se voiler, ou se voler; comme si l'on n'y aimait la plage que déserte et la mer que morte.

Le Languedoc, désormais, c'est aussi le Cap-d'Agde et Port-Leucate. Et rien n'empêche, pour y voir de plus près, et le comprendre, d'aller à Capestang ou vers Argeliers, sur le Larzac ou au Mas-Soubeyran, à Saint-Guilhem ou à Uzès.

ROGER BRUNET.

cañons et avens
du pays caussenard

◄ Le cañon du Tarn
au niveau
du pas de Soucy.

Le pas de l'Arc ▲
ouvre sur le Tarn,
qui coule en contrebas.

*C*ausses dénudés et gorges profondes dessinent
au cœur de la France
des paysages grandioses où les vents et
les eaux jouent capricieusement avec la roche.
Au creux de son imposant cañon,
le Tarn polit les galets...
Au front des à-pics
se profilent d'étranges sculptures...

◄ Dominant le confluent
de la Jonte et du Tarn,
le rocher de Capluc.

▲ Les gorges du Tarn,
vues du roc des Hourtous.

Gorges du Tarn. 3

▲ *Passage des Détroits,*
au pied du roc
des Hourtous.

La longue entaille ▶
des gorges du Tarn,
vue du point Sublime.

Dans ce cadre sauvage
la présence de l'homme reste discrète.
Quelques villages étagés
au pied des murailles.
Une route qui, épousant
les sinuosités du Tarn, permet
d'en découvrir toutes les merveilles...
encore que certaines,
parmi les plus spectaculaires,
ne se laissent admirer
qu'au fil de l'eau.

Au pied du causse Méjean, ▲
Saint-Chély, ses vieilles maisons
et le pont qui enjambe le Tarn.

4. Gorges du Tarn

Ruines du ▶
château de La Peyre,
défense avancée
du château de Blanquefort.

Juchées sur des pitons
ou des promontoires,
au détour d'une boucle de la rivière,
des ruines de tours
ou de forteresses,
soudées au roc,
repaires, au Moyen Âge,
de pillards ou de détrousseurs.
Préservés par les siècles,
d'autres châteaux évoquent
le long passé caussenard.

◀ *Castelbouc, sur le Tarn :*
vestiges du château
dominant les maisons
creusées dans le roc.

▲ *Tel qu'il était*
au XVe siècle,
le château de La Caze.

◀ *Pierres sèches
et toits de lauzes,
une maison caussenarde.*

▲ *Le calme de la vie pastorale,
sur le causse Méjean
(hameau de Carnac).*

*Dans le « désert » du causse Méjean,
une lavogne, où viennent
se désaltérer les troupeaux.* ▼

*Sur les plateaux arides des Causses,
dont la solitude pierreuse
est heureusement violée
par d'impressionnantes gorges
ou de mystérieux avens,
le vent, le gel et le soleil
n'ont pas découragé la vie.
Moutons,
dont c'est le domaine traditionnel,
et bergers,
dont les robustes mas de pierres sèches
s'harmonisent avec le paysage,
y maintiennent des coutumes séculaires.*

Le cirque de Navacelles dans les gorges de la Vis. ▶

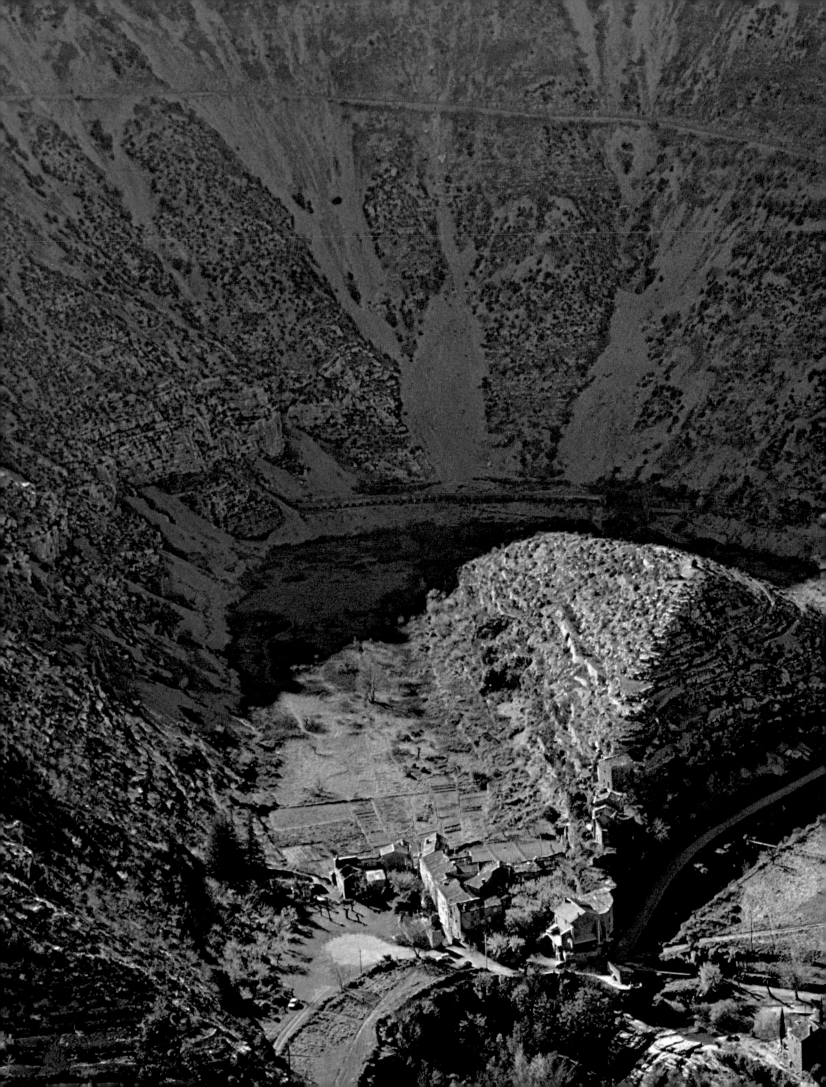

▲ *La monotonie
des plateaux caussenards
rompue par la blessure
des gorges du Tarn.*

*D*ominant la plaine méditerra-néenne, encastré dans la partie méridionale du Massif central, à l'ouest du Lozère et de l'Aigoual, le pays des Grands Causses étale à perte de vue ses espaces gris et pelés, domaine de la pierraille, de l'herbe courte et maigre. Étrange contrée aux horizons baignés de lumière... Le gel, le vent, le soleil s'y manifestent sans partage. L'eau ne s'y attarde pas et s'infiltre vers les profondeurs par les milliers de fissures qui courent dans le calcaire. Sur ce sol, peu d'hommes, mais bien enracinés, et des hameaux épars, piqués dans l'immensité. Depuis des siècles, rien ne semble avoir vraiment changé : la vie se plie au rythme des jours et des saisons, plus raréfiée qu'autrefois peut-être...

Grands plateaux arides
et gigantesques tranchées...

Aucune monotonie dans ces paysages sévères, à peine ondulés, mais profondément taraudés. De petites cuvettes, les *sotchs,* trouent la surface, rassemblant la bonne terre rouge et abritant quelques champs : premier effet de la dissolution du calcaire, qui fait des Causses un plancher vermoulu. Çà et là, des gueules béantes percent la carapace des plateaux, sombres avens qui engloutirent maints moutons, bouches d'enfer devenues, par la magie de l'érosion, fastueux palais ou majestueuses cathédrales. Des gorges d'une rare vigueur, riches en coudes et en méandres, ont été taillées comme au sabre dans le socle de pierre par les eaux dévalant des hauteurs de l'est : le Tarn, la Jonte, la Dourbie, profitant des fractures provoquées par les secousses du Tertiaire, y ont sculpté de pittoresques cañons aux à-pics teintés d'ocre, défilés d'une âpre beauté qui marient la grâce des eaux à la puissance austère des murailles. Artiste, la nature s'est aussi faite architecte, évidant, dentelant, taillant les roches dolomitiques, qui semblent des ruines de vieilles cités, silhouettes aux formes extravagantes, œuvres des pluies et des vents qui surgissent dans les dépressions ou sur les sommets de certains escarpements.

Toute une gamme de merveilles qu'il faut voir embrasées par le soleil de l'été, mais aussi, à l'automne, par temps un peu couvert : les « pelouses » des Causses ont roussi, la lumière, moins intense, exalte, à côté de la grisaille du roc, les chaudes couleurs des cañons et l'émeraude des rivières qui, à 300, 400, 500 ou même 600 m au fond des tranchées, miroitent dans les « planiols ». Comment s'imaginer alors que cette région aux sites variés fut, il y a de cela quelque 150 à 200 millions d'années, un immense golfe occupé par la mer, au fond duquel s'entassèrent des milliers de mètres cubes de boues, devenues ce solide calcaire porté depuis à de telles hauteurs?

Plus de 50 km de longueur, entre 450 et 500 m de profondeur, de 30 à 500 m de largeur au niveau du lit et parfois 2 km au fronton des Causses, tel est notre « grand cañon du Colorado », le plus long de France et l'un des plus spectaculaires d'Europe. Descendu du versant méridional du mont Lozère, le Tarn y perd progressivement ses allures torrentueuses. Entre le causse de Sauveterre et le causse Méjean, de « ratch » en « planiol », il serpente sans s'attarder, au pied d'impressionnantes murailles aux pentes découpées, sculptées ou massives. Le murmure de l'eau s'enfle en grondements quand le goulot se rétrécit. Des bassins s'ouvrent comme des corolles. De la verdure au bord de la rivière : prairies, arbres, vignes. De place en place, des villages accrochés au rocher, ancrés sur les replats, entourés de champs minuscules arrachés à la falaise. Des castels en ruine ou restaurés surveillent la vallée, rappel des siècles où l'histoire leur confia le rôle de sentinelles.

Ce cañon, à la fois imposant et secret, se laissait autrefois découvrir par un sentier pour piétons et mulets. Depuis 1905, une route, percée sur la rive droite, permet d'en saisir l'intimité. Du haut d'*observatoires* aménagés, on embrasse l'horizon étale des plateaux et le mystère des gorges. Le *point Sublime,* ce balcon installé sur la lèvre du causse de Sauveterre, à 861 m d'altitude au-dessus d'impressionnants à-pics de 400 m, n'est pas sans rappeler le belvédère du Colorado. C'est dans l'éclairage en demi-teintes d'un coucher de soleil que le panorama prend toute son ampleur : le cañon du Tarn, le pittoresque passage des Détroits, le cirque des Baumes en contrebas. De là, on perçoit la complexité de l'ensemble. De Millau à Florac, en remontant le cours de la rivière, il faut savoir s'arrêter et flâner avant de s'enfoncer plus encore dans la gorge façonnée par le Tarn.

Le seuil des gorges : Millau

Enserrée par une vaste boucle du Tarn que rejoint ici la Dourbie, la ville de *Millau.* Un petit air méridional. Des maisons aux toits roses, de vastes jardins, des avenues ombragées. La place du Maréchal-Foch avec ses galeries de pierre (XIIᵉ-XVIᵉ s.), de pittoresques venelles, un beffroi (XIIᵉ-XVIIᵉ s.), de nobles hôtels évoquent le passé d'une cité à la fois industrieuse et militaire qui, pendant les guerres de Religion, fut l'un des principaux foyers protestants au sein d'un pays profondément catholique. Sa renommée, Millau la doit pourtant moins à son histoire qu'à son industrie du gant. Mégissiers, tailleurs sur peau et maîtres gantiers perpétuent un « artisanat » dont on trouve déjà les traces au XIIᵉ siècle.

Autour de la ville, les versants de la cuvette où elle se niche sont tapissés de vignes, d'enclos, de vergers, ponctués par les dominos

Un tourisme multiforme

Le cañon du Tarn permet de pratiquer divers sports. Le canotage, certes (on peut descendre en barque la rivière depuis Sainte-Énimie ou depuis La Malène), mais aussi le canoë-kayak dont la base Plein Air de Sainte-Énimie assure l'enseignement (initiation, perfectionnement, randonnées). À Sainte-Énimie encore, un centre de spéléologie rend possible des excursions souterraines dans la région. Grottes et avens ne manquent pas, qui permettent des explorations toujours renouvelées.

Quant aux Causses, des « ranches » organisent des chevauchées de toute nature, avec nuits passées dans les fermes. C'est la meilleure façon de jouir de l'espace et du silence.

Le soir, l'été, dans le creux des gorges du Tarn, de nombreux villages sont illuminés. Des spectacles « son et lumière » sont organisés, à Castelbouc, à Saint-Chély-du-Tarn. Les projecteurs jouent sur les falaises, sur l'eau, sur les rochers découpés.

Pour accéder aux gorges et aux causses, trois grands centres hôteliers : Millau, Florac, Mende. Des circuits en autocar partent de ces villes, mais il est préférable de disposer de son propre véhicule, car il faut du temps, de la liberté pour apprécier réellement la multitude de richesses qui s'offrent aussi bien sur les causses que dans les divers cañons. ■

▲ *Les calmes planiols du Tarn,*
au niveau des Détroits,
font le bonheur
des amateurs de canoë-kayak.

Entre le causse Méjean
et le causse Noir,
▼ *les gorges de la Jonte.*

blancs des maisonnettes de campagne. Fermant l'horizon, les falaises de la vallée de la *Dourbie* annoncent déjà les murailles pleines des cañons. C'est la porte des gorges du Tarn. Les eaux de la rivière sont ici en même temps vives et transparentes.

Presque aussitôt, les pentes escarpées semblent s'avancer à la rencontre les unes des autres : le Tarn et la Jonte s'unissent au pied des contreforts des causses de Sauveterre, Méjean et Noir. En cet endroit précis s'est installé le paisible village du *Rozier* qu'ennoblit son église romane du XIIe siècle, masse trapue et équilibrée, entourée d'arbres et dominée par la falaise. Au soleil couchant, les roches deviennent presque roses. Au vert des peupliers s'oppose le rouge des racines des aulnes. Dans les cavités naturelles de la berge vit un monde caché de truites et d'écrevisses.

C'est du piton qui se détache au sommet de la paroi du causse Méjean — le *rocher de Capluc,* surmonté d'une croix — que les cañons prennent leurs véritables dimensions.

De l'autre côté de la Jonte, *Peyreleau* a établi ses vieilles maisons aux toits de pierre, en étages sur un mamelon rocheux. Des ruelles pavées, reliées par des escaliers, mènent à des jardins remplis d'iris et de giroflées. Des guirlandes de vignes ornent les murs, s'accrochent à des voûtes. Plus haut, le quartier des Abeillons où ruches et habitations firent bon ménage des siècles durant. En contrebas, des prairies que baigne la rivière, presque aussi verte que l'herbe.

Les donjons du Tarn

Où est l'œuvre de l'homme? Où est celle de la nature? Elles se mêlent désormais tout au long du défilé, dans une étroite complicité. Ici, un château, celui de *Triadou,* entrepris au XVe siècle, achevé au XVIIe par la famille d'Albignac dont il fut la propriété jusqu'à la Révolution. Là, des bizarreries sculptées par les eaux et le vent au

▲ *Au-dessus de la vallée
de la Dourbie,
le curieux village
de Cantobre.*

D'autres Colorado

La Jonte, la Dourbie ont creusé des cañons moins longs que celui du Tarn, mais dotés chacun d'un caractère original. Venue du versant nord du massif de l'Aigoual, la *Jonte* étire, entre le causse Noir et le causse Méjean, une vallée aux falaises rectilignes, aux amples reflets. De Meyrueis au Rozier, sur une vingtaine de kilomètres, l'accompagnent dans son cours d'austères murailles, d'insolites escarpements ruiniformes, des grottes creusées dans la falaise du causse Méjean, des villages pareils à aucun autre. Tel *Meyrueis*, inséré avec bonheur dans un cadre harmonieux, équilibré, où s'unissent les paysages verdoyants rattachés à l'Aigoual et les sites calcaires des Causses. De l'ancienne cité fortifiée ne subsiste que la tour de l'Horloge. Au terme de ce cañon, assez spectaculaire, on ne manquera pas le belvédère des Terrasses, qui offre un beau panorama sur les gorges encaissées à plus de 150 m de profondeur. Pas plus n'oubliera-t-on de jeter un regard vers la corniche du causse Méjean, sur lequel s'élèvent de formidables rochers, comme cette énorme potiche juchée sur une aiguille dolomitique et haute de 25 m; on l'a baptisée « vase de Sèvres ».

Le cañon de la *Dourbie* n'est pas moins beau. Tout en amont, la vallée est profonde mais sculptée dans le granite. Le contraste entre cette partie et les gorges proprement dites est frappant. Une leçon de géographie dans un laboratoire naturel. C'est de l'Aigoual aussi que descend la rivière. De l'Espérou à Millau, sur presque 70 km, elle traverse d'abord

*À la sortie des Détroits,
le Tarn s'étale
▼ dans le cirque des Baumes.*

cours des millénaires. Rochers dressés en bastion, tel le *rocher de Cinglegros,* au bord de la corniche du causse Méjean. On doit le « prendre à bras-le-corps », s'accrocher à l'à-pic, gravir des escaliers, franchir des passages surplombant le vide, pour découvrir en haut une vue qui s'étend sur la vallée et, au-delà, sur plus de 10 km. Jamais, ici, le paysage ne se répète; il est toujours nouveau, toujours original. Le soir, une sorte de douceur atténue l'austérité des parois abruptes, les profondeurs s'enveloppent de mystère... À midi, au contraire, les ocres, quasi rouges, éclatent de violence, les lignes de crête se découpent avec netteté sur le ciel.

Au pied de falaises qui s'élèvent à 200 m, surmontées de fausses tours, de faux donjons, le cours du Tarn dessine un coude brusque. Il se précipite en rapides : le « rey des rachts », le « roi des rapides », dit-on dans la région. Les bateliers franchissent la passe, debout sur leur barque à fond plat, la perche ferrée bien en main, le geste précis et souple, pour rattraper la « dérive ». Les passagers sont quelque peu éclaboussés, mais les barques continuent leur route et retrouvent en aval des eaux plus tranquilles.

Quittons le Tarn du regard un instant. Sur la rive gauche, une forteresse. Dressé sur son piton rocheux, pétri dans la même pierre que le socle sur lequel il repose — ruine déchiquetée par les intempéries —, le château féodal de *Blanquefort* s'inscrit naturellement dans le décor. Instrument de la domination seigneuriale dans un pays où elle fut souvent dure, il symbolise parfaitement le rôle de vigie qui fut assigné aux donjons du Tarn. Ils sont vingt, répartis au long des gorges, ancrés sur un éperon ou sur une éminence, montant une garde séculaire.

De chaos en cirque

À partir du hameau des *Vignes,* situé dans un évasement de la vallée où l'ensoleillement permet aux raisins de mûrir, la diversité des paysages s'accuse. Soudain, le Tarn disparaît dans un chaos rocheux. Nous sommes au *pas de Soucy.* Une digue naturelle barre le lit de la rivière : deux éboulements se sont produits, dominés par la masse de Roque Sourde et, haute de 80 m, la Roche Aiguille, dressée en fer de lance. L'eau sourd et circule au milieu de ces amoncellements pierreux, mais le Tarn gronde sous cette carapace avant de resurgir dans un gouffre bouillonnant d'écume. La promenade au milieu de ces dalles de toutes tailles, inclinées en tous sens, polies par l'érosion, ne manque certes pas de charme. Mais il est plus prudent de choisir la montée au belvédère installé sur Roque Sourde. Grâce à la vue d'ensemble que le regard embrasse, peut-être se représentera-t-on plus facilement ce que fut, en ces lieux, la lutte du diable et de sainte Énimie, qui fit appel aux roches pour venir à bout du Malin et provoqua ainsi un énorme effondrement. Satan réussit à en réchapper et la légende survit...

Après ce site sauvage, le *cirque des Baumes* dégage une impression de paix. Un ample méandre de 3 km de développement, qu'épouse un des gorges extrêmement sauvages, profondes de 300 m, taillées dans les schistes et les granites, puis entame les Causses par un défilé aux pentes abruptes, qu'à tout endroit domine la roche. De grands caps, d'imposantes caryatides, d'étranges profils. Les frontons des causses Noir et de Larzac découpent sur le ciel un extravagant monde minéral. En contrebas, l'aspect est aimable : des aulnes, des osiers, des truites dans les planiols. Quelque chose de bucolique dans tout cela, avec de la couleur, du jaune, de l'ocre et le blanc du calcaire. Les petits villages qui jalonnent ce parcours ont un charme particulier. *Cantobre*, jadis fortifié, se confond avec la plate-forme rocheuse en éperon sur laquelle il s'est installé. À ses pieds, la Dourbie reçoit le Trévezel, un fougueux affluent. Non loin, *Saint-Véran*, curieusement perché sur un piton séparé du causse, prend des allures romantiques, entre ciel et terre. Parmi les éboulis de cailloux, quelques amandiers, un peu de lavande. Le château, dont il ne reste que des ruines, fut le berceau de la famille de Montcalm. Plus en aval, *La Roque-Sainte-Marguerite* bénéficie d'un élargissement de la vallée. Mais qui préfère site plus riant choisira au seuil des gorges, en amont, les bourgades de *Nant* et *Saint-Jean-du-Bruel*, lieux de villégiature installés dans cette partie de la vallée, large et colorée, que l'on a surnommée à juste titre le « jardin de l'Aveyron ». ■

▲ *Les ruines du château de Montcalm, à Saint-Véran, dans le cañon de la Dourbie.*

immense hémicycle de falaises. Une fête de couleurs, une infinité de nuances : le rouge, l'ocre, mais surtout le gris du calcaire et des tons jaune et or. Quelques bouquets d'arbres, des buissons, des broussailles apportent des notes d'un vert tendre ou foncé. Un village, celui des Baumes-Vieilles, abandonné aux ronces, atteste la présence ancienne de l'homme et donne aux parois leur échelle réelle. En été, le ciel bleu rehausse encore l'éclat des teintes vives. Les roches s'ordonnent en gradins : les plus bas possèdent les pourpres les plus rutilants, alors que les frontons semblent peints de façon plus discrète. Tranchant sur l'ensemble, le filet d'argent du Tarn avec son fond de galets blancs : il n'est plus qu'une étroite rivière dont les crues peuvent être terribles au printemps.

Au secret de la faille : les Détroits

La vallée s'étrangle jusqu'à devenir un simple couloir entre deux murs, ne laissant plus guère de place que pour la rivière. Cinquante à soixante mètres séparent les falaises inférieures du Sauveterre et du Méjean, tandis qu'au sommet des escarpements elles sont distantes d'environ un kilomètre. L'intimité des *Détroits* (ou *Étroits*) succède à la majesté du cirque des Baumes. Une eau calme. Des plages où il fait bon se baigner. Le sable y est très blanc : les crues printanières, violentes, nettoient les impuretés. À peine entend-on le bruit léger des eaux qui courent dans la partie la plus profonde des gorges. Les versants, entassements de rochers étagés, sont ornés d'une guipure de ronces, dont le vert léger tranche sur l'ocre de la paroi. Dans un creux, de petits arbustes végètent sur une mince couche de terre, portée par le vent d'hiver. Des fleurs — des clématites — jaillissent des fissures de la pierre. Un à-pic érige ses degrés couronnés de bastions, d'aiguilles et de créneaux, à plus de 400 m au-dessus du Tarn. Le *roc des Hourtous*, sorte de cap, domine les Détroits et surplombe la grotte de la Momie. De là se devine la profondeur vertigineuse du défilé, qu'il faut voir de très haut après l'avoir parcouru au creux de son chenal.

C'est à *La Malène*, plus en amont, que l'on embarque pour redescendre le Tarn, par les Détroits, jusqu'au cirque des Baumes. Les gens du pays se sont mués en bateliers. Seul, l'hiver redonne au village son vrai caractère. Longtemps lieu de passage des troupeaux entre les deux causses, La Malène connaissait au printemps et à l'automne les grandes migrations moutonnières. Les vieux aiment encore raconter les haltes des bergers. C'étaient prétextes à fêtes. Les bêtes s'ébrouaient sur la grève, tandis que, attablés devant une bouteille de vin frais, les Caussenards donnaient à ceux d'en bas des nouvelles du plateau.

Aujourd'hui, les « étrangers » affluent et le manoir des barons de Montesquieu, élégant castel à tourelles restauré après la Révolution, s'est transformé en une hôtellerie confortable. Non loin, deux autres châteaux : l'un en ruine, celui de *Haute-Rive*, érigé sur la rive gauche du Tarn; l'autre également converti en hôtel, celui de *La Caze*.

La Merveille du Larzac

Le causse s'étale presque à l'infini, à environ 600-800 m d'altitude. À l'est, les assises calcaires sont profondément entaillées par des tranchées de 300 m parfois : les couloirs de la Virenque et de la Vis. En aval de Camp d'Alton, la Virenque conflue avec la Vis, dont le cours sinueux constitue la plus belle curiosité naturelle du Larzac, « le plus américain de tous les cañons des Causses » selon le spéléologue E.-A. Martel.

Il faut partir de *Vissec*, un curieux village installé dans une boucle de la rivière et dont la partie ancienne domine de son promontoire un lit généralement asséché, tapissé de galets. Puis la vallée se fait cañon. Des parois abruptes de plus en plus rapprochées. Un site sauvage, dans lequel la source de Lafoux vient déverser en cascade ses eaux tumultueuses. Ce flot bruyant envahit la gorge, qui s'élargit et dessine d'innombrables méandres encaissés. Parmi ceux-ci, une ample boucle que la Vis a coupée pour se frayer un raccourci : le *cirque de Navacelles*, vertigineux entonnoir aux à-pics de 400 m, semés seulement de quelques buissons. Qu'on le découvre de la rive droite, arrivant par Saint-Maurice-de-Navacelles et la ferme de la Baume-Auriol, ou de la rive gauche, venant de Blandas, on ne peut être qu'impressionné par la grandeur du site où formes et couleurs se mêlent en une heureuse harmonie. Tout au fond du gouffre, une colline isolée, cernée de cultures ; un petit village, celui de Navacelles, dont le pont enjambe la rivière. Une quiétude, une fraîcheur inattendues au milieu

▲ *Au centre du plateau du Larzac,*
le bourg fortifié
de La Couvertoirade.

Le vieux bourg
de Sainte-Énimie
▼ *borde une boucle du Tarn.*

Installé contre une haute berge abrupte, dans un site romantique, sur les bords mêmes du Tarn, ce manoir, élevé au XVe siècle par Soubeyrane Alamand, puis restauré au XIXe et au XXe, a conservé la pureté de son architecture : son plan en carré, ses tours d'angle, sa façade que surmonte une grande tour-donjon, ses douves. L'aristocratie du Rouergue et du Languedoc vint y passer des heures de fête. Peut-être était-elle attirée par la beauté des huit filles du seigneur de La Caze, ces « nymphes du Tarn » dont les médaillons, peints sur le plafond de bois d'un salon de la tour sud, nous restituent les visages.

Ces vieilles demeures suffisent à prouver que, pour fuir les plateaux caussenards ouverts à tous vents, l'homme chercha très tôt refuge dans le cañon. En témoignent aussi les demeures troglodytiques qui font l'originalité du *cirque de Pougnadoires*. Le relief a dicté l'emplacement des maisons, adossées à la muraille ou encastrées dans les anfractuosités de la pierre. Ici, la hauteur des falaises (400 m) confère à l'ensemble une majestueuse beauté. Tout aussi grandiose, le *cirque de Saint-Chély*, avec son long banc de sable et ses imposantes falaises, un « bout du monde » à l'entrée duquel le petit village du même nom, entouré de vergers et de grottes, a bâti ses vieilles maisons et son église romane.

La ville de la sainte

« Un caillou au fond de l'abîme » : c'est *Sainte-Énimie*, la petite ville des gorges. La vallée s'est resserrée à nouveau : 500 à 600 m de profondeur, sur 2 km de large. Sur les versants dépouillés, une maigre végétation. Le bourg monte à l'assaut des pentes, mais une vague de maisons semble s'être figée au fond du défilé. Des édifices pleins de force, qui possèdent souvent des fenêtres Renaissance, des sculptures, des encorbellements. Tout un passé revit là : rues pavées, étroites et sinueuses, vestiges de remparts (VIIIe s.), vieilles portes ouvragées, échoppes médiévales réoccupées par des artisans, petite place calme avec sa halle au blé. L'église romane (XIIe-XIIIe s.) a été souvent remaniée. L'abbaye, incendiée, a été reconstruite en collège, où seule la salle capitulaire romane est demeurée intacte.

Car Sainte-Énimie fut un haut lieu religieux et possède sa légende. Son nom lui vient d'une princesse mérovingienne, Énimie, fille de Clotaire II et sœur du bon roi Dagobert. Très jeune, celle-ci voulut consacrer sa vie à la religion, mais son père désirait la marier. Elle en appela à Dieu, qui la sauva en lui envoyant la lèpre. Énimie, pouvant dès lors se consacrer à sa foi, guidée par un ange, arriva, au terme d'un long voyage, au cœur du défilé du Tarn. Son désir d'engagement définitif était pourtant fragile car elle souhaita guérir. L'eau de la fontaine de Burle, qui sourd au pied du causse de Sauveterre, à l'ombre d'un petit bois de chênes, la libéra des traces de son mal. Mais à peine s'éloigna-t-elle de cette vallée que la lèpre réapparut. À deux reprises, ce phénomène se produisit. Comprenant que Dieu l'appelait en ce lieu, Énimie se fixa dans une grotte, aujourd'hui aménagée en chapelle, et fonda un monastère qui subsista jusqu'à la Révolution et autour duquel se développa le village.

Miracle de l'activité des hommes, Sainte-Énimie est entourée par une terre créée de toutes pièces. Des vergers minuscules, des parcelles de champs s'accrochent en terrasses au flanc de la falaise. Les rudes paysans ont attaqué la roche à la pioche, nivelé, garni de terre ces replats artificiels et élevé des murettes de protection. Fraîcheur du feuillage des amandiers, des pêchers et de la vigne, c'est là un escalier de verdure qui contraste avec la rudesse des falaises ocres ou blanches qui le surplombent. Avec, tout en bas, la coulée émeraude du Tarn...

Le « jardin de la Lozère »

L'eau est calme comme celle d'un lac. C'est un *planiol*, un passage paisible. Une barque dérive lentement. Les pentes du Méjean, hautes de plus de 500 m, dessinent un large amphithéâtre que domine une aiguille rocheuse, surmontée des ruines d'un château médiéval. *Castelbouc* est campé sur la rive gauche du Tarn ; au pied du vieux fort, les maisons au toit grisâtre se sont ancrées dans les porosités du calcaire, à moitié troglodytiques. Pas un village, un hameau plutôt, sis au bas d'un versant ample, à la pente assez douce, parée de verdure.

de l'âpre « désert » du Larzac.

Et, en aval, le cañon poursuit son parcours sans se départir de son allure grandiose. ■

Le Larzac des Chevaliers

L'implantation humaine sur le causse remonte à des temps très reculés. Les premiers occupants, chasseurs et pasteurs, défrichèrent les dépressions où pouvait s'installer la vie. Les Romains y tracèrent une route qui, reliant la basse vallée de l'Hérault au Rouergue (de Saint-Thibéry à Rodez), devait jouer un rôle à la fois commercial et stratégique. Mais l'histoire, et par là le développement du Larzac, ne commence véritablement que dans la seconde moitié du XIIe siècle, lorsque Raimond-Bérenger, vicomte de Millau,

fit don de cette terre — et de Sainte-Eulalie-de-Cernon — aux moines-chevaliers de l'ordre du Temple (1158).

Jusque-là, diverses familles, seigneuriales ou paysannes, se partageaient le causse qui, cependant, était peu connu. Ses propriétaires vivaient à la périphérie, sur les falaises qui le ceinturent, à Creissels, Luzençon, Montclarat, Tournemire, Sorgues, Algues, Nant, Cantobre, La Roque-Sainte-Marguerite, Le Caylar. C'est avec l'arrivée des Templiers que cette terre de solitude se hérissa de châteaux, constructions aux murs massifs dont il reste bien peu de chose : un vieux donjon à Sainte-Eulalie, où ils avaient établi leur commanderie, et quelques murs à La Couvertoirade. L'ordre supprimé en 1312, le Larzac, comme le reste de ses biens immeubles, passa

entre les mains des hospitaliers (ou chevaliers de Saint-Jean-de-Jérusalem), qui imposèrent leur marque aux bastides dont ils héritèrent, ainsi Sainte-Eulalie et, dépendant d'elles, La Cavalerie et La Couvertoirade. Les bandes de « routiers » faisant régner la terreur sur le causse, de La Cavalerie au Caylar, de Nant à l'Hospitalet, il fallut renforcer les fortifications, construire des enceintes. La Couvertoirade a gardé ses vieux remparts à créneaux, son chemin de ronde, ses tours à mâchicoulis; La Cavalerie, des vestiges de ses murailles. Et Sainte-Eulalie, une grande partie de son appareil de défense. Toutes ces fortifications subirent ensuite, au cours de l'histoire, de redoutables assauts. Les guerres de Religion déferlèrent sur le Larzac, qui ne retrouva la paix qu'avec l'édit d'Alès (1629). ■

Un noble fromage, le roquefort

Ce fromage à pâte molle veinée de bleu, dont s'enorgueillit la gastronomie française et qui a aujourd'hui acquis une renommée mondiale, est probablement le plus ancien de nos fromages. Rome l'appréciait déjà : Pline l'Ancien en parle dans son *Histoire naturelle*. Charlemagne, prétend-on, s'en faisait envoyer à Aix-la-Chapelle. Et, au Moyen Âge, on l'exportait au-delà des Alpes. Ses privilèges ne remontent cependant qu'au XVe siècle; Charles VI les consacra par lettres patentes en 1407. À notre époque, l'appellation de « roquefort » a été reconnue par 52 nations au congrès de Stockholm (1949), puis à Stresa en 1951. Les États-Unis ont élaboré une législation garantissant spécialement

→

À proximité des gorges du Tarn, Florac se mire ▼ dans le Vébron.

Là aussi, une légende est née. À l'époque des croisades, un seigneur, resté seul de son sexe au milieu de ses sujettes, eut fort à faire pour répondre à tous les désirs. Le pauvre homme finit par succomber d'épuisement, et l'on vit alors planer sur la tour du château un énorme bouc. C'est de là que viendrait le nom du lieu. Mais peut-être ce pays

s'appelle-t-il ainsi parce qu'il possédait deux sources abondantes (en langue d'oc, la « bocca »)...

Au fur et à mesure que l'on remonte la rivière, le paysage se fait plus riant. Dans un élargissement des gorges, *Blajoux* s'entoure de plantations de vignes, d'arbres fruitiers, de primeurs. Et, une fois passés les châteaux de *Charbonnières* (XVIe s.) et de *Rocheblave* (XVIe s.), encore pourvu de ses mâchicoulis, la vallée s'épanouit en un bassin aux lignes douces. Presque une seconde vallée de Tempé. Là, plus de terrasses ni de rares pièces de terre disputées aux rochers, mais un entrelacs de champs, de vignobles, tenus par des murets de pierres sèches *(layes)*. Beaucoup d'arbres aussi. Les fraises, abritées du vent, « viennent précoces », comme disent les agriculteurs. C'est le « jardin de la Lozère ». Les rudes seigneurs de la montagne venaient ici se détendre. Le bourg d'*Ispagnac* possède encore quelques vestiges de belles maisons Renaissance. Malheureusement, les guerres de Religion ruinèrent la petite cité, qui conserve cependant un aspect cossu : l'église romane a encore sa coupole de grès rose, et ce village enchâssé dans la verdure possède quelques beaux jardins enclos. Un pont gothique à six arches, construit au XVIIe siècle sur le plan de celui qui fut élevé au XIVe, enjambe le Tarn et relie Ispagnac au village de *Quézac*, où, chaque année, se tient un grand pèlerinage marial qui remonte au Moyen Âge.

En toile de fond, les Cévennes annoncent un autre univers. Aux formes rectilignes, rigoureuses du cañon, aux lignes classiques du relief calcaire, succède la puissance des vraies montagnes.

La ville des fleurs

Florac — on aime croire que ce fut *Flor Aqua*, ou Fleur des Eaux — est le trait d'union entre le monde des plateaux caussenards et celui des montagnes cévenoles. Nichée dans la vallée du Tarnon, au pied des falaises du causse Méjean, elle s'élève dans un paysage qui allie la rudesse de murailles dépouillées à l'anarchie un peu sévère d'une foule de crêtes. Pour qui sort du défilé, Florac est une détente. Quelques vieilles maisons, des hôtels fleuris, des rues larges et droites. La source du Pêcher, à la base du rocher de Rochefort, dans les éboulis du causse, alimente une rivière qui traverse la ville avant de rejoindre le Tarnon. Malgré son aspect paisible, la bourgade cévenole connut un passé mouvementé : à l'époque féodale, elle fut écrasée par la main de fer de l'un des huit barons du Gévaudan; puis ce furent les luttes religieuses... Mais la paix finit par triompher dans ce paysage contrasté où la fraîcheur de l'eau claire, l'abondance des fleurs l'emporte sur la majesté quelque peu inquiétante des montagnes et des falaises du causse.

l origine et la qualité du roquefort.

« Ce n'est plus le temps où le marchand à toque de fourrure rangeait sur ses tablettes les trois douzaines de pains que le fermier descendu du Larzac apportait sur son âne. De couloirs raboteux et suintants menés dans la roche brute, les caves sont devenues salle de pesée, saloir et magasin à sel, salle d'emballages, d'expéditions, entrepôts et frigos [...]. Les directeurs ont voulu les brosseuses-piqueuses, les monte-charge, les frigos, les épaisses feuilles d'étain où le fromage sommeille mieux [...] », a écrit Henri Pourrat. Tout comme l'élevage s'est modernisé, la fabrication du fromage a dû renoncer au stade artisanal. Mais la production laitière des Causses ne suffit plus : on importe donc du lait de brebis des Pyrénées-Atlantiques (10 p. 100) et même de la Corse (13 p. 100). Roquefort utilise le lait d'environ 800 000 brebis

Ce fromage se fabrique en deux étapes. Au village, le lait est traité dans la fromagerie locale. Il se caille en deux heures, sous l'action de la présure, puis on le met dans des moules perforés, avant de l'ensemencer avec les spores de *Penicillium Roqueforti*, champignon microscopique propre aux caves de Roquefort et qui donne au fromage marbrures et onctuosité. Trois ou quatre jours après cette opération, le fromage est déposé au saloir, où il est légèrement frotté de sel marin que la pâte absorbe lentement. Chaque pain doit être ensuite soigneusement brossé pour retirer l'excès de sel.

Un ramassage moderne transporte les pains à Roquefort; ceux-ci sont cylindriques et pèsent environ 2,5 kg (l'équivalent de 10 litres de lait). Le fromage est alors *piqué* pour que l'air puisse pénétrer à l'intérieur. Puis intervient le passage en cave. Le fromage est exposé au courant d'air que maintiennent constant les fissures *(fleurines)* qui entaillent la falaise, et trois mois seront nécessaires pour assurer son affinage.

Seize maisons se partagent la fabrication du roquefort. La production annuelle s'élève à plus de 15 000 t. Le Marché commun et l'Amérique du Nord constituent les principaux débouchés pour l'exportation : celle-ci représente 15 p. 100 du total de la production. ■

▲ *Le ruisseau du Bonheur jaillit en cascade d'une haute et étroite fissure, et prend le nom de Bramabiau.*

Étrange paysage de pierre, à l'image de villes ruinées,
▼ *le chaos de Montpellier-le-Vieux.*

En pays caussenard

Après la plongée dans la blessure géante où serpente le Tarn, il faut parcourir les plateaux pour se soûler d'espace, se repaître de solitude. Souvent désertique, le pays des Grands Causses est néanmoins empreint d'une certaine poésie, avec ses horizons rompus par de légères lignes de hauteurs, son maigre semis de hameaux. On roule longtemps sans rien voir que des pâturages, de la rocaille, de rares arbres, avant de connaître enfin le prix d'un bouquet de verdure. Çà et là, des reboisements de pins noirs, des étendues de pins sylvestres. À l'horizon, la silhouette d'un berger veillant sur ses moutons. Des troupeaux, parfois importants, paissent en blocs compacts.

Sur ces terres, l'hiver est long et rude, l'été accablant. L'implantation de l'homme est conditionnée par l'emplacement des sotchs, tapissés de cultures et de prairies, où la dissolution des roches a donné des terres arables, ainsi que par celui des *lavognes,* ces « mares » empierrées où s'abreuvent les troupeaux et dont le sol caussenard se montre si parcimonieux. C'est aux abords de ces « oasis » que se sont installés les hameaux aux maisons grisâtres, lourdement coiffées de lauzes. La pierre étant abondante et le bois rare, les édifices sont bâtis « en voûte » pour éviter les charpentes coûteuses. Ainsi voit-on parfois toute une succession d'étages voûtés. La maison d'habitation est au premier étage, le rez-de-chaussée sert de cellier, d'abri pour les outils et les récoltes. Un escalier intérieur en pierre mène au logement du fermier. À l'écart des hameaux et des fermes, élevées souvent au milieu des pacages, les bergeries *(jasses)* répondent aussi à un mode de vie et à des traditions séculaires. Mais beaucoup de ces constructions — fermes ou bergeries — sont aujourd'hui désertées par une population qui tend à émigrer vers la ville, et transformées en résidences secondaires.

Au sein de la vie pastorale

Une promenade dans les Grands Causses ne saurait être monotone. Chacun de ces plateaux a en effet son caractère propre. Ainsi, au nord du Tarn, le *causse de Sauveterre,* doucement incliné vers le Séveraguais et vers la vallée du Lot, peut-il surprendre par les prairies et les cultures dont il se pare en certains endroits. Mais ailleurs — et sa superficie est vaste : 60 000 ha — se retrouve l'étrange univers des excroissances calcaires propre au pays caussenard, sans oublier les avens, particulièrement nombreux. Les troupeaux habitent aussi ces terres d'altitude moyenne (900 m). Les bergers, à l'accent coloré, accueillent « l'étranger » avec joie. Les souvenirs s'égrènent sur l'enfance souvent rude dans les « mas » perdus. « Petit berger » très jeune, on couche sur la paille, mangeant ce que l'on donne chichement au « drôle ». Il faut courir derrière les chiens, ramener les bêtes indociles, apprendre à traire, aider les brebis à mettre bas, sortir le fumier. Travail dur dans des bergeries basses et mal aérées. Les béliers ne sont pas toujours doux et les moutons ne deviennent jamais tout à fait « domestiques ». Il faut, disent les anciens, « coller » à ses moutons pour prévoir leurs désirs, leurs craintes, leurs énervements subits.

Dans ces villages souvent ruinés, dans ces hameaux de quelques gros mas, c'est une vie solitaire mais indépendante. Les jeunes agriculteurs se sont organisés à la façon des fermiers du Far West américain. On dispose souvent de plusieurs voitures, dont une est tout-terrain. On doit apprendre à se suffire à soi-même, ce qui veut dire, par exemple, connaître des rudiments de médecine vétérinaire, car le spécialiste habite au loin, dans un bourg, et les déplacements coûtent parfois plus cher que le prix d'un mouton. Cette jeune paysannerie clairsemée est au courant des techniques nouvelles. Là, comme au Larzac, il ne s'agit pas de paysans oubliés par l'histoire, figés dans leur archaïsme. Leurs hautes bergeries modernes, en ciment, abîment peut-être un peu le paysage, mais elles témoignent d'une volonté pionnière. Si l'on écoute les fermiers, on comprend leur amour de la liberté, leur lutte pour développer les troupeaux, de plus en plus importants, et leurs difficultés. Sur le causse, on peut rencontrer encore des seigneurs paysans. Une haute maison face à un plateau sans fin, une forteresse aux pierres apparentes, où le chef de famille est maître absolu. Dans la grande salle, le repas se déroule

La porte des Causses : Mende

C'est du côteau de Chaldecoste, en venant d'Auvergne, que l'on embrasse le mieux le site de Mende. Installée sur un replat de la rive gauche du Lot, aux pieds des pentes calcaires du causse de Mende, qui la dominent d'environ 250 m, l'ancienne capitale des évêques-comtes du Gévaudan, aujourd'hui chef-lieu du département de la Lozère, s'est développée autour de sa cathédrale, qu'elle doit au pape Urbain V, natif de la région. Cet imposant édifice de style gothique, doté d'un vaste vaisseau central à neuf travées, long de 67 m et haut de 25 m, et surmonté de deux clochers dont l'un dressé à 84 m, est, en fait, l'œuvre de plusieurs siècles. Entrepris en 1368-1369, consacré un siècle plus tard et

▲ *Élevée au XIVe siècle, dévastée par les protestants, restaurée au XVIIe, la cathédrale ogivale de Mende.*

achevé seulement au début du XVIe siècle, il fut dévasté par les huguenots (le jeune capitaine Mathieu Merle fit fondre ses cloches pour fabriquer des canons). Relevé dans les premières années du XVIIe siècle, il fut remanié et enrichi par la suite. L'une de ses trois cryptes abrite les reliques de saint Privat, évangélisateur des Gabales, qui, au IIIe siècle, se réfugia à Mimate (Mende). On peut voir la grotte où il se retirait pour prier, au flanc du causse.

Aujourd'hui, bien que tournée vers l'avenir (la ville étale ses quartiers modernes dans la vallée, sur l'autre rive du Lot), Mende se souvient de son passé, fière des monuments qui lui restent. Des puissantes fortifications que lui donna le Moyen Âge, ne subsistent que peu de choses : quelques vestiges des portes du Chastel et d'Angiran,

mais surtout la tour d'Auriac, dite « tour des Pénitents » parce qu'elle servit de clocher à la chapelle des Pénitents blancs (XVIIe). Aux temps médiévaux remonte aussi le pont Notre-Dame (fin XIIe-début XIIIe?), pont « en dos d'âne », à trois arches, qui a résisté aux terribles crues du Lot. Il faut se promener dans la vieille ville : rue d'Angiran, rue Basse, rue du Collège, place du Four-du-Mouton, rue Notre-Dame, rue d'Aigues-Passes... Les siècles y ont inscrit leur histoire : anciennes demeures du XVIIe, du XVIIIe, escaliers à vis, voûtes en plein cintre, rampes à balustres, encorbellements, pigeonniers, portes à vantaux de bois. Tout un univers qui n'a rien perdu de son animation, car, à la porte des Causses et de la Margeride, Mende est une importante ville-marché. ■

---

comme il y a un siècle. Le « patron » est seul à table. Derrière lui se tiennent la famille et les « valets ». Les femmes servent, discrètes, attentives, muettes. Quand le père a fini de manger, il regarde son monde comme un supérieur de couvent ses moines, et ferme son couteau de poche d'un claquement sec. Suivent quelques ordres brefs, donnés en langue occitane, et chacun part vers un troupeau lointain. Une vie patriarcale, encore préservée...

Le causse de Sauveterre, c'est le silence. On redécouvre le chant du vent, la mélodie d'un oiseau, la fuite d'une bête dans l'herbe courte, lapin ou lièvre. Les pierres, petites et dures, roulent sous le pied. Des chemins ravinés comme on n'en trouve plus guère. Des sotchs ponctuant l'horizon de rouge ou de vert. Le village de Sauveterre, pittoresque avec son habitat en pierres sèches. Et, au nord-ouest de cette immense étendue, pour nous rappeler que la nature est l'indiscutable maîtresse des lieux, le *sabot de Malepeyre*, majestueux rocher de 30 m au sein duquel l'eau a découpé artistement une arche de 3 m de hauteur.

Des antres de fées

Un pont sur le Tarn. Un aperçu rapide sur le cañon. Et c'est le *causse Méjean*. Des corniches découpées, presque titanesques dans la lumière du soir. Une solitude plus totale encore que sur le Sauveterre. Des monticules qui s'élèvent brusquement, détruisant l'impression de plateau. Près de 33 000 ha de steppe, le « désert français ». En été, le soleil est violent ; certaines parties du Méjean ont même été baptisées en occitan « le Causse de feu ». En hiver, c'est le règne du froid intense, de la bise glaciale (le point culminant, le mont Gargo, est à 1 247 m). Au milieu d'une nudité qu'atténue à peine l'herbe des pacages, un trou, et le mystère des avens, soudain, se révèle. L'*aven Armand*, « le rêve des Mille et Une Nuits » — ainsi le surnomma E.-A. Martel — s'offre à la visite depuis 1927. Il fut longtemps la terreur des bergers dont les moutons y disparaissaient. Il fallut sa découverte, en 1897, par M. Armand, serrurier au Rozier, pour qu'on songeât à l'aménager. Un tunnel de 200 m pénètre ce monde souterrain, à 75 m de profondeur, au bout duquel, brusquement, l'œil embrasse une nature qui défie toutes les lois de l'équilibre. Dans une salle de 50 m sur 100, haute de 35 m, quelque 400 stalagmites créent un univers féerique de cierges, de colonnes (certaines atteignent parfois 30 m) et d'arbres tandis que les stalactites s'ordonnent en draperies translucides. Une étonnante « forêt vierge ». Voici des palmiers, des peupliers aux ramures argentées, des grappes de pierres précieuses. Une symphonie de cristal ciselé. L'imagination décuple les joies de la vision. On accroche un instant son regard sur

Forêt de pierre souterraine, l'aven Armand s'ouvre dans les étendues désertiques
▼ *du causse Méjean.*

une fleur de calcaire à la fine découpe, puis l'œil est attiré ailleurs... Tout en bas, un gouffre de 90 m, riche du mystère de ses profondeurs. Comment ne pas souhaiter être à la place des explorateurs de Jules Verne dans le *Voyage au centre de la terre?*

Remonté à la surface, on retrouve l'aridité. Mais elle a aussi son merveilleux. Car, tout comme l'aven Armand, le chaos de *Nîmes-le-Vieux* peut porter au rêve. Accessible par le col de Perjuret, il mérite une longue flânerie à travers ses rues de pierre, habilement dessinées par le temps. Ses rochers, répartis en arc de cercle, s'élèvent jusqu'à 50 m de hauteur, écrasants par leur gigantisme.

Le monde des avens et des chaos ruiniformes est indissociable du pays caussenard. Ainsi le *causse Noir* a-t-il aussi ses curiosités. La grotte rose de *Dargilan*, qui s'ouvre non loin de l'aven Armand, mais de l'autre côté de la Jonte, ne ressemble à aucune autre. La découverte de cette cavité remonte à 1880, et E.-A. Martel l'explora. Ici, les dimensions sont plus réduites. Les piliers rappellent l'intérieur

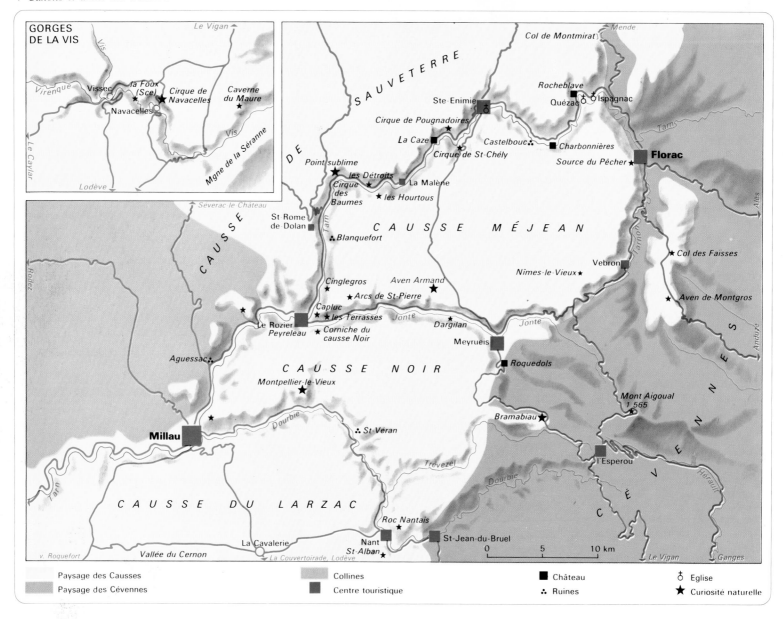

de certaines mosquées. Une grande salle de 142 m sur 44 et 35 m de hauteur, la salle de la Grande Cascade, allie en un tout harmonieux les cristallisations les plus diverses. À nouveau l'on peut rêver devant ce palais des mirages... À l'entrée de ce riche joyau, la vue est magnifique sur le cañon de la Jonte et sur le causse Noir, lande aride et broussailleuse. Pas d'arbres, bien que le nom de ce causse provienne des forêts qu'il portait jadis, et que le déboisement, entrepris au XVIe siècle, aggravé au XVIIIe, a fait disparaître. Prédomine une impression d'âpreté, d'austérité. Aucune angoisse, pourtant. Les ruines de bergeries ou de hameaux sont si intégrées dans le paysage qu'elles n'ont rien de sinistre. Et puis, il y a des moutons, un sol soudain fertile, quelques cultures...

Au pied de l'Aigoual, à la frontière des Causses et des Cévennes, l'abîme de *Bramabiau* nous introduit dans les profondeurs de la terre par une sombre crevasse. Des centaines de mètres de galeries souterraines, le long du cours d'une petite rivière, dans lesquelles nos lointains ancêtres virent une antre de « pythie ». Avec le retour à la lumière du soleil, c'est le chant d'une cascade à la blancheur éclatante, les lignes douces d'un paysage montagnard à l'horizon...

Toujours à la « frontière » du causse Noir et du Larzac, se trouve la ville ruiniforme de *Montpellier-le-Vieux*. On peut encore rêver ici, mais à l'air libre. Sur 120 hectares, des châteaux, des remparts, des tours, des donjons, des casemates, des bastions, des ruines de toutes sortes. Œuvre de la Nature, déchaînement plastique de la sculpture de l'eau dans cette roche miraculeuse, la dolomie. Il faut contempler le chaos du haut de la « citadelle » (830 m).

Le plus méridional des causses, le Larzac

Le Larzac est le modèle même du causse : 1 000 km² environ, une altitude moyenne de 600 à 800 m, c'est, à l'infini, une étendue caillouteuse et tondue. Quelques sotchs débordent de cultures. Dans ce pays de solitude, l'agriculture trouve ses droits. À l'ampleur des maigres pâtures succèdent soudain des parcelles protégées par des murs de pierres sèches, minutieusement travaillées : blé, orge, pommes de terre. Une vie rurale, aujourd'hui sérieusement menacée par l'extension du camp militaire de La Cavalerie.

Un village entouré de remparts, l'une des vieilles commanderies du Larzac : *La Couvertoirade*, fortifiée au XIVe siècle par les hospitaliers de Saint-Jean-de-Jérusalem. Une sorte de Carcassonne en réduction. Aucune construction moderne ne pollue l'ambiance : des maisons anciennes patinées, aux portes cintrées, aux hauts escaliers de pierre. Une petite place forte ancrée dans l'espace.

Tout au bout du causse, *Roquefort-sur-Soulzon* (670 m). Un chaos rocheux. Des maisons qui s'étagent, rivées au versant âpre, dominé par de hautes corniches. Quelques bosquets, des prairies vallonnées. La lumière joue sur les falaises, les rendant, selon les heures, roses ou grises. Dans le sous-sol, les caves secrètes, aérées par des cheminées naturelles, les « fleurines », baignées de l'odeur prenante des fromages qui, soigneusement rangés, évoluent lentement vers leur maturité. Roquefort nierait, s'il en était besoin, par son existence même, l'appellation injuste de « désert », attribuée indûment aux Causses.

les murailles du Languedoc

des Cévennes au Sidobre

*S*olitaires, accidentées, fouettées par tous les vents,
arrosées par toutes les pluies, les Cévennes sont rudes
comme les bergers et les paysans qui, pour défendre leur foi,
se transformèrent en farouches camisards et bravèrent les armées du roi.

◀ *Vues du Mas-Méjean,
les pentes méridionales,
abruptes et boisées,
du massif de l'Aigoual.*

◀ *Les rochers ruiniformes
de la Can de l'Hospitalet
virent se dérouler bien des
«assemblées du Désert».*

*Entre Lozère et Aigoual,
un manteau de forêts recouvre
de nouveau les crêtes cévenoles,*
▼ *déboisées au cours du XIXᵉ s.*

*Les crues des ruisseaux qui cheminent
sagement dans un lit de cailloux,
au fond des profondes vallées cévenoles,
sont aussi soudaines qu'imprévisibles
et dévastent tout sur leur passage.*

▲ *La Brèze descend
des hauteurs de l'Aigoual
au fond de gorges verdoyantes.*

Sous la corniche des Cévennes, ▶
*un filet d'eau dans la rocaille :
le Gardon de Saint-Jean,
près de Saint-André-de-Valborgne.*

▲ *Dans le massif du Caroux,*
on rencontre encore
des fermes à toit de genêt.

Construite en plaques de schiste, ▶
une des curieuses maisons
de Saint-Germain-de-Calberte,
en plein cœur des Cévennes.

Pompons de laine et clarines :
les moutons préparés
▼ *pour la transhumance.*

Depuis que l'on n'élève plus de vers à soie
dans les fermes accrochées aux flancs des vallons solitaires, l'élevage des mouton

*est la principale ressource des farouches montagnes que terrorisait
naguère la bête du Gévaudan.*

*Espinouse, Lacaune,
Montagne Noire, Sidobre :
le balcon méridional du Massif central
recèle des richesses naturelles
et archéologiques insoupçonnées.
Encore peu fréquenté,
il offre aux esprits curieux
les joies, devenues rares, de la découverte.*

◄ *Au pied de la
Montagne Noire,
les châteaux ruinés
de Lastours,
sentinelles avancées
de Carcassonne
au temps de la croisade
contre les albigeois.*

*Entre de hauts rochers, ▲
de gouffre en cascade,
l'Héric dévale les pentes
de l'Espinouse.*

*Le château médiéval ▶
de Castanet,
à l'est du mont Lozère,
faillit être englouti
par la mise en eau
du barrage de Villefort.*

▲ *Ancienne place forte,*
La Garde-Guérin
a conservé son donjon et
une partie de son enceinte.

Au sud du Massif central, les grands plateaux calcaires des Causses sont bordés par des hauteurs boisées, morcelées en longues crêtes par des vallées profondes, dont le versant méridional domine les garrigues et les plaines couvertes de vignes du Languedoc. Avec les volcans d'Auvergne, c'est la seule région vraiment montagneuse du massif. Balayé par les vents, arrosé par des pluies torrentielles, glacial en hiver, torride en été, c'est un pays dépeuplé, austère, d'une beauté souvent farouche, que les grands courants touristiques n'avaient qu'effleuré, mais qui devient à la mode. Abandonnée par les hommes, qui ne la trouvaient plus suffisamment généreuse, la nature a souvent repris ses droits. Pour la protéger, deux parcs naturels couvrent la majeure partie de ce balcon méridional : le parc national des Cévennes, à l'est; le parc régional du Haut-Languedoc, à l'ouest. Ils réservent de grandes joies aux amateurs de solitude, de merveilles naturelles et de vastes espaces.

Les Cévennes, des montagnes qu'on reconstruit

Entre le Vivarais au nord et le causse du Larzac au sud, les Cévennes dressent leur redoutable rempart. Du côté méditerranéen, des crêtes allongées, les « serres », séparent des vallées encaissées où la vie s'est longtemps réfugiée. Il y a cent ans, landes et pâturages s'étendaient partout : les hommes avaient rasé les forêts pour faire place à leurs cultures et à leurs moutons. Aujourd'hui, les campagnes sont désertes, les hameaux sont vides d'habitants, et le pays est en grande partie reboisé.

Très accidentées et relativement élevées (elles atteignent souvent de 1 200 à 1 500 m), les Cévennes sont des montagnes sous la douche. Avec un record de 416 mm de pluie en douze heures (24 février 1964), l'Aigoual est la montagne la plus copieusement arrosée de France. L'hiver, il sommeille sous 3 m de neige, mais, l'été, des torrents d'eau dévalent ses pentes. D'une soudaineté et d'une violence terribles, les crues sont plus brutales que partout ailleurs. En 1958, elles ont fait 36 morts. La construction de barrages commence à discipliner cette furie. On sera, en tout cas, bien inspiré de se mettre en position de fuite si l'on campe au bord des « gardons », les turbulentes et imprévisibles rivières cévenoles.

Les Cévennes sont des montagnes à double sens : si l'eau les descend, l'homme les remonte. Bibliothécaire du schiste, le Cévenol en entasse les volumes comme autant de bibles, couvrant les versants de terrasses en gradins avec autant de soins qu'il en met pour bâtir sa maison. « Traversiers », « bancels » ou « faïsses », ces banquettes de terre meuble, qui changent trois fois de nom dans le même département, sont si étroites que seul l'homme peut s'y mouvoir.

Aussi en est-il la bête de somme. Toute sa vie durant, il va chercher la terre là où les eaux l'ont emportée. À coups de « banastou », qu'il vide derrière ses murets de pierre sèche, il remonte et fixe sa montagne, la cale avec ses traversiers. Sans lui, perpétuellement entraînée par les eaux, celle-ci n'aurait jamais le temps de porter une récolte. Aussi la reconstruit-il inlassablement, comme il a construit sa foi, au cours des siècles, à coups de versets de l'Écriture.

Prédicants, prophètes et camisards

Née en Allemagne avec Luther, développée en Suisse par Calvin, la Réforme s'implanta dans les Cévennes dès le milieu du XVIe siècle, d'autant plus facilement qu'elle y trouva un climat fortement contestataire et un terrain si bien préparé par les séquelles du catharisme que, si le mot avait existé à cette époque, on pourrait dire que les Cévenols étaient « protestants » depuis le XIVe siècle.

Les guerres de Religion enflammèrent les esprits sans faire beaucoup de victimes, l'édit de Nantes (1598), confirmé par la paix d'Alès (1629), rétablit le calme, et la population, en grande partie gagnée aux idées nouvelles, pratiqua tranquillement le protestantisme jusqu'en 1681. Pour extirper l'hérésie, Louis XIV eut alors recours à un procédé original : les troupes en campagne furent autorisées à se comporter comme en pays conquis et furent logées exclusivement dans des familles protestantes. Ces « dragonnades », humiliantes et ruineuses pour les hôtes forcés, provoquèrent très rapidement des conversions aussi nombreuses que peu sincères, et, en 1685, le roi, s'imaginant à tort qu'il ne restait pour ainsi dire plus de réformés en France, révoqua l'édit de Nantes.

Le culte protestant interdit, les fidèles les plus fortunés s'expatrièrent en masse, ce qui ruina l'économie du pays. Le gouvernement, représenté par le redoutable intendant Bâville, surnommé le « tyran du Languedoc », réagit en amplifiant les dragonnades. Contre toute attente, les paysans cévenols, pourtant privés de chefs tant spirituels que temporels, s'entêtèrent. Pour remplacer les pasteurs tués ou exilés, des laïques, les « prédicants », se mirent à prêcher en secret, soutenant la foi de leurs coreligionnaires et baptisant les nouveau-nés dans des endroits solitaires, au cours de très secrètes « assemblées du Désert ». Cela dura quinze ans, mais la brutalité de la répression finit par avoir raison des plus tenaces.

L'hérésie n'était pas morte pour autant. En 1700, une nouvelle catégorie d'apôtres fit son apparition : les « prophètes ». Cette fois, il s'agissait de convulsionnaires, d'illuminés généralement très jeunes, annonçant « la fin du règne de la Bête », « la chute de Babylone », exhortant les fidèles au repentir et négligeant les précautions les plus

La forêt cévenole

Abattus par les verriers, qui avaient besoin de charbon de bois, brûlés par les agriculteurs cherchant des terres à cultiver, attaqués par les chèvres et les brebis brouteuses de pousses et de feuilles tendres, les hêtres, qui, au XVIIIe siècle, couvraient les Cévennes d'une forêt assez dense pour abriter des fauves comme la « bête du Gévaudan », disparurent dans la première moitié du XIXe siècle. Tondue, pelée, la montagne devint incapable de retenir les trombes d'eau qui continuaient de s'abattre sur elle, et celles-ci, ne trouvant plus rien pour les arrêter, dévalèrent les pentes, provoquant des crues catastrophiques.

Il fallait agir. Pour en convaincre les autorités, un inspecteur général des Eaux et Forêts, Georges Fabre, réussit à prouver, en 1875, que le sable qui envahissait le port de Bordeaux provenait en partie de l'Aigoual, par le Tarn. Avec les crédits qui lui furent alloués, il acheta des terrains et y planta des arbres. Petit à petit — non sans mal, parce que les arbres gênent les bergers et qu'il est facile d'y mettre le feu —, la forêt réapparut.

Mais Fabre ne planta pas que des hêtres. Ceux-ci furent confinés dans les vallées, et les pentes se couvrirent de conifères à croissance plus rapide : pin, sapin et épicéa. Deux essences traditionnellement cévenoles méritent une mention spéciale, bien qu'elles ne jouent plus aujourd'hui le rôle prépondérant qui fut le leur dans le passé.

La première, c'est le châtaignier, qui, durant des siècles, nourrit si bien les habitants de ce pays

→

▲ *Près d'Altier,*
à la lisière nord
du parc des Cévennes,
le château du Champ.

Haut lieu de la foi protestante,
le musée du Désert
▼ *au Mas-Soubeyran.*

élémentaires. Les sanctions ne se firent pas attendre. Les prophètes réagirent en prêchant la guerre sainte et, le 24 juillet 1702, l'abbé du Chayla, inspecteur des missions, fut assassiné au Pont-de-Montvert (Lozère). Ce fut le début de la « guerre des camisards ».

Ces camisards, ainsi nommés à cause de la chemise (*camise* en patois) blanche qu'ils passaient par-dessus leurs vêtements pour se reconnaître au cours de leurs embuscades nocturnes, n'étaient ni des nobles ni des notables, mais des gens du commun, pressurés, brutalisés, affolés de misère spirituelle et d'angoisse permanente. Ils étaient moins de 2 000, commandés par un ouvrier boulanger, Cavalier, et un ancien dragon, Roland. Pourtant, leur connaissance du pays et la complicité de la population leur permirent de tenir tête aux 25 000 soldats aguerris du maréchal de Villars. Après deux années de guérilla, Roland finit par se faire tuer. Cavalier tenta de négocier avec Villars, qui le manœuvra sans peine. Le calme se rétablit, mais le bilan était lourd : 53 paroisses rasées par les autorités, 240 églises

brûlées par les partisans, 416 villages détruits par Villars, 107 pasteurs du Désert exécutés, 7 370 protestants envoyés aux galères, 42 prisons de femmes remplies à craquer, des milliers de fugitifs...

Et le protestantisme n'était pas mort, loin de là! Dès 1716, Antoine Court reconstitua l'Église du Désert, et les Cévenols poursuivirent, envers et contre tout, la pratique de leur culte. Si une tolérance de fait s'établit à partir de 1760, ce fut seulement à partir de 1789 et de la « Déclaration des droits de l'homme et du citoyen » que la religion réformée eut officiellement droit de cité. Les combats étaient définitivement terminés, mais, dans chaque village, catholiques et protestants continuèrent à former, selon le mot de Barrès, « deux peuples dont les prières ne se mêlaient pas ».

La Corniche des Cévennes

La magnifique route des crêtes, dite « Corniche des Cévennes », qui, entre Saint-Laurent-de-Trèves et Saint-Jean-du-Gard, traverse de part en part le parc national des Cévennes, suit à peu près le tracé de l'un des 24 « chemins royaux » que l'intendant Bâville avait fait construire pour surveiller les camisards. Bordée par deux vallées profondes sur lesquelles chacun de ses lacets découvre un magnifique panorama, sa position dominante n'évita pourtant pas les embuscades aux dragons de Villars. Si mobile était Cavalier qu'il lui fallait chaque mois 800 livres pour équiper de souliers ses 1 800 hommes. Ceux-ci opéraient par trentaines, à partir de cinq arsenaux qui étaient en même temps des hôpitaux où veillaient les chirurgiens Chabrier et Tavant. S'ils ne craignaient pas d'affronter l'ennemi à 1 contre 10, les camisards répugnaient à la faction et se gardaient si mal qu'ils finirent par payer très cher leurs négligences.

La Corniche proprement dite commence au col du Rey, d'où l'on aperçoit le mont Lozère au nord et le massif de l'Aigoual au sud. Elle traverse un petit plateau de calcaire qui annonce les Causses, la Can de l'Hospitalet, où, au Moyen Âge, on sonnait la cloche d'une grosse ferme pour appeler les voyageurs égarés dans la tourmente. Accrochée au bord du plateau, la route domine la vallée Française, où coule le gardon de Sainte-Croix. Au col des Faïsses, près des vestiges d'un château, s'amorce la descente vers les rochers ruiniformes du hameau de l'Hospitalet et la touchante chapelle romane de Saint-Flour-du-Pompidou (XIIe siècle). Le calcaire fait vite place au schiste; on longe des prairies, on traverse des bouquets de châtaigniers, et la vue se déploie, immense, jusqu'au Ventoux. Après le pittoresque village de Saint-Romans-de-Tousque, la route louvoie d'un versant à l'autre comme un skieur expérimenté, dominant tantôt la vallée Française, tantôt la vallée Borgne, chacune traînant le fil de son déshérité qu'on le surnomma « arbre à pain ». Bouillies, grillées, séchées, les châtaignes constituaient la base de l'alimentation des montagnards, et les châtaigniers, si décoratifs, étaient l'objet de soins attentifs, qui leur font malheureusement défaut aujourd'hui.

Le mûrier, « arbre d'or », originaire de Chine et indispensable à l'élevage du ver à soie, ne se répandit dans les Cévennes qu'à partir du XVIIe siècle. Sa carrière fut exceptionnellement brillante — il tapissa rapidement tous les creux de vallée abrités —, mais sa récession fut encore plus brutale que celle du châtaignier. Une expérience pourrait renverser la tendance : près du Vigan, on étudie actuellement le comportement d'un mûrier japonais susceptible de donner chaque année jusqu'à sept récoltes de feuilles. ■

▲ *Dominée par le mont Saint-Julien,*
Anduze se protège
par une haute digue
des redoutables crues du Gardon.

Décor exotique inattendu
à la porte des Cévennes :
▼ *les bambous géants de Prafrance.*

gardon. Et puis c'est la descente en slalom vers *Saint-Jean-du-Gard,* sa tour carrée et son vieux pont en dos d'âne, où Lydie Nenki a ressuscité l'art de la teinture végétale tel que le pratiquaient les maîtres teinturiers du XVIIIe siècle.

Trente siècles de céramique

À l'orée d'un grandiose goulet calcaire, le portail du Pas, surmonté la « porte des Cévennes », la petite ville d'*Anduze* se tapit au pied d'un piton aride. Lorsque les luttes religieuses reprirent après la mort d'Henri IV, au début du XVIIe siècle, Anduze, « la Genève des Cévennes », devint le quartier général de l'un des plus grands chefs protestants, le duc de Rohan, qui la fortifia si bien que les troupes du roi n'osèrent jamais s'y attaquer. Au XVIIIe siècle, elle fut le principal centre de ravitaillement des camisards.

Déjà peuplée bien avant la conquête romaine, l'antique Anduzia pratique, depuis trois mille ans, l'art de la céramique. Elle fabrique en particulier de grands vases en terre vernissée, dont la première commande lui fut passée par Le Nôtre, vers 1680, pour les jardins de Versailles. Construite au bord du Gardon d'Anduze, dont une digue contient les débordements, la ville détruisit elle-même ses fortifications après la paix d'Alès; il n'en reste que la vieille tour de l'Horloge. Des ruelles tortueuses, un château du XVIIe siècle, une amusante fontaine au toit en pagode, de vieilles halles et le parc des Cordeliers, avec ses magnifiques bambous, composent un décor plein de charme.

Tout près de là, le *parc de Prafrance* offre le décor inattendu d'une forêt de bambous de 6 ha, à laquelle s'ajoutent des serres et d'autres essences exotiques. Fondé vers 1880 par l'agronome Martel, qui avait reconnu le microclimat de Prafrance, le parc offre aux cinéastes la possibilité de tourner en extérieur des scènes se passant dans des régions tropicales (« le Salaire de la peur », « Les héros sont fatigués »). On y trouve une trentaine de variétés de bambous. Poussant extrêmement vite, ceux-ci atteignent 20 m de hauteur et servent à fabriquer divers objets, notamment des instruments de musique.

Pas de cinéma, en revanche, au *Mas-Soubeyran,* dont le musée du Désert est un des hauts lieux de la foi protestante. Il est installé dans la maison de Roland, restée telle qu'elle était quand le chef camisard y vivait. On y visite sa chambre, la cachette où il se dissimulait quand les dragons de Villars fouillaient la demeure, la cuisine encore garnie de tous ses ustensiles. Une importante collection de documents d'époque retrace la grande aventure du protestantisme dans les Cévennes, la lutte héroïque des camisards, les persécutions, le triomphe final de la liberté de conscience. De vieilles familles huguenotes ont offert plus de 80 Bibles du XVIIIe siècle, dont certaines sont des éditions rares. Dans un bâtiment attenant, on a reconstitué un intérieur cévenol et réuni objets et documents constituant un mémorial de tous les martyrs du Désert. Le moment le plus émouvant est celui où, chaque année, le premier dimanche de septembre, devant des milliers de protestants venus du monde entier, un homme en robe noire monte dans l'une des chaires démontables qu'utilisaient les prédicants et « se présente devant Dieu ».

Au pied des Cévennes, dans une boucle de son gardon, *Alès* conserve pieusement le souvenir de Louis Pasteur, qui, malgré une succession de drames familiaux, continua à travailler avec acharnement jusqu'à ce qu'il découvrît le remède contre la pébrine, qui ravageait les élevages de vers à soie. La sériciculture a été durement touchée par la concurrence extrême-orientale et par la vogue des textiles artificiels, mais la ville, favorisée par la présence d'un bassin houiller, par de bonnes relations ferroviaires et par le dynamisme de ses habitants, s'est reconvertie dans diverses industries.

Le ver à soie dans les Cévennes

Exploité en Chine depuis près de cinq mille ans, mais tenu secret durant des millénaires, le procédé de fabrication de la soie n'est connu de l'Occident que depuis le milieu du VIe siècle de notre ère. La soie naturelle est produite par la chenille — dite « ver à soie » un peu partout et « magnan » dans le Languedoc — d'un papillon originaire d'Extrême-Orient, le bombyx du mûrier. À l'état adulte, c'est un animal blanchâtre, lourd et paresseux, qui se nourrit très difficilement (il ne possède qu'un embryon de trompe) et vole à peine. Sa seule activité est de se reproduire. La femelle pond quelque 5 000 petits œufs jaunes, appelés « graines », d'où sort une chenille de 3 mm de long, pesant

0,5 mg. Aussitôt éclose, celle-ci s'empresse de dévorer, avec une incroyable voracité, les feuilles de mûrier mises à sa disposition. Au bout d'un mois de ce régime, après avoir mué quatre fois, elle mesure 9 cm et pèse 4 g au moins. Elle entreprend alors de tisser son cocon en sécrétant un liquide qui se solidifie à l'air pour former le fil de soie. Au bout de dix jours, si l'on n'intervenait pas, un papillon sortirait de ce cocon en fragmentant le précieux fil. C'est pourquoi on tue la nymphe à l'intérieur du cocon, en passant celui-ci au four. Une fois dévidé, le cocon fournit quelque 1 200 m de soie grège, pesant environ 0,35 g. Il faut réunir les fils de 6 cocons pour obtenir un fil de soie de diamètre convenable, désigné sous le nom de « 21 deniers ».

On a produit de la soie en France à partir du XIIIe siècle, mais c'est seulement à l'aube du XVIIe siècle, grâce à un jardinier nommé Tracaut, que la culture de l'indispensable mûrier se répandit dans les Cévennes, fortement encouragée par l'agronome Olivier de Serres, mais désapprouvée par Sully, qui craignait que l'abondance du précieux textile n'engendrât le péché de coquetterie. Disposant de feuilles de mûrier, le paysan cévenol put acheter de la « graine » et la faire éclore au-dessus de sa cuisine, dans la douce chaleur de la magnanerie familiale. L'once de 25 g de graine exigeait une surface qui, en un mois, passait du mouchoir à une soixantaine de mètres carrés, étagés sur plusieurs plans.

La sériciculture connut son âge d'or entre 1820 et 1853. Ensuite, la redoutable pébrine s'abattit sur l'élevage cévenol. Pasteur réussit à enrayer ses méfaits en préconisant une méthode de sélection de la graine qui est toujours en vigueur, mais le succès de ses travaux fut neutralisé par le percement du canal de Suez (1869), qui ouvrit l'Europe aux produits de l'Extrême-Orient. Depuis, la situation n'a cessé de se dégrader. Durement touchée par la concurrence de la soie artificielle (acétate), puis par celle de tous les textiles synthétiques, la sériciculture souffre aujourd'hui de la crise énergétique, qui a contraint le Japon, premier producteur mondial de tissus de soie, à sacrifier ses importations de soie grège au pétrole. Pourtant la soie naturelle garde ses chances, sa production exigeant 500 fois moins d'énergie que celle de la soie synthétique, qui est loin de la valoir. ■

*Au Pont-de-Montvert,
d'où partit la révolte des camisards,
▼ un vieux pont du XVIIe siècle.*

Les solitudes du mont Lozère

Le nord du parc national des Cévennes est occupé par le mont Lozère, un énorme massif de granite aux croupes à peine arrondies, long de 35 km, large de 14, qui culmine à 1 669 m. L'hiver, ses pentes enneigées font la joie des skieurs de fond. L'été, ses grandes étendues herbeuses sont à peu près désertes, et les anciennes cultures en terrasses qui garnissaient les versants sont toutes abandonnées. La vie s'est réfugiée au pied du massif, dans une couronne de villages.

Au nord, c'est *Le Bleymard,* petit chef-lieu de canton fréquenté par les pêcheurs de truites. Autrefois, les longs convois de mulets en route pour le Gévaudan y faisaient relâche. Au Moyen Âge, ces convois étaient souvent détroussés par des pillards. Au Xe siècle, l'évêque de Mende, las de ces rapines, créa, sur le passage de l'antique voie Régordane qui, depuis l'occupation romaine, reliait le Languedoc à l'Auvergne, un poste de garde tenu par 27 nobles. Logés dans 27 maisons fortes, ceux-ci percevaient un droit de péage en échange de la protection qu'ils assuraient aux caravanes. Ce poste fortifié, perché en nid d'aigle au-dessus du Chassezac et dominé par un château, c'est *La Garde-Guérin :* en cours de restauration, il a encore son donjon, une partie de son enceinte, de vieilles maisons Renaissance, une jolie église romane et une vue splendide. Tout près de là, l'impressionnant *belvédère du Chassezac,* accroché au-dessus d'un à-pic vertigineux, offre un point de vue unique sur le torrent qui bouillonne au pied d'impressionnantes murailles déchiquetées.

Au sud du mont Lozère, *Le Pont-de-Montvert,* baigné par trois torrents, est une coquette station estivale. C'est de là que partit la révolte camisarde, le 24 juillet 1702, à 2 heures du matin. Autant de conjurés (53) que de coups de couteau dans le corps de l'abbé du Chayla, et autant, paraît-il, qu'il avait de victimes sur la conscience. Les dragons qui, à leur tour, vengèrent l'abbé tenaient garnison à *Génolhac :* leurs écuries sont toujours là, à côté de la tour romane de l'église, que domine de 800 m le *belvédère des Bouzèdes;* de là-haut, on découvre un panorama immense, jusqu'au mont Blanc.

À l'est du mont Lozère, entre Génolhac et La Garde-Guérin, la station estivale de *Villefort* est la clef d'un ensemble hydroélectrique du plus haut intérêt touristique. L'aménagement complet du Chassezac et de l'Altier prévoit l'édification de huit barrages, de sept usines et de 30 km de galeries. Trois barrages sont déjà construits : ceux de Rachas, de Roujanel et de Villefort, représentant quelque 40 millions de mètres cubes de retenue et plus de 100 ha de plans d'eau. Réalisation saluée avec d'autant plus d'enthousiasme par tous les amateurs de sports nautiques que l'on n'a même pas à déplorer la submersion du très beau château de Castanet (XVIe siècle), sauvé *in extremis* par une digue.

▲ *Au seuil du causse du Larzac,*
Pégairolles-de-l'Escalette
s'est nichée dans la brèche
où passait jadis la route de la laine.

Le parc national des Cévennes

Créé en 1970, le parc se compose d'une zone centrale de 84 000 ha, à cheval sur les départements de la Lozère (80 p. 100) et du Gard (20 p. 100), et d'une zone périphérique de 237 000 ha, qui empiète sur le département de l'Ardèche. La première, qui englobe 52 communes et 117 hameaux ou fermes isolées, est presque dépeuplée : il n'y reste que 400 et quelques habitants. La seconde abrite encore 41 000 autochtones. L'été, une population saisonnière de 60 000 habitants environ (dont 1 000 dans la zone centrale) vient bouleverser ces données.

Plus qu'à sa faune ou à sa flore, c'est à la variété de ses sites, due à sa double exposition (versant

La plupart des cultures en terrasses
qui entourent les villages cévenols
sont aujourd'hui abandonnées.
▼ *(Follaquier, près de Saint-André-de-Valborgne.)*

Un paradis forestier : l'Aigoual

À l'extrémité sud du parc des Cévennes, en contrepoint du mont Lozère, l'Aigoual s'élève à 1 565 m, magnifique belvédère couronné, depuis 1887, par un observatoire et rendez-vous des skieurs de trois départements. Le panorama est surtout grandiose en hiver, quand l'air glacé est parfaitement limpide : du mont Blanc au pic d'Aneto, en passant par le puy de Sancy et la côte méditerranéenne, on découvre près du dixième du territoire national.

Véritable château d'eau sur lequel se condensent les nuages venus des quatre coins de l'horizon, l'Aigoual partage équitablement la profusion de ses eaux entre l'Atlantique et la Méditerranée. Les deux versants sont bien différents. À l'ouest, le massif domine d'assez peu les Causses, alors que, au sud, il s'effondre bruquement de 1 200 m en moins de 7 km, formant un immense entonnoir de schistes violâtres, blancs, gris ou argentés selon l'heure et la saison, au fond duquel l'Hérault traîne le chapelet de ses cascades.

Il y a cent ans, l'Aigoual, dépouillé par la surexploitation pastorale, était une montagne chauve. Aujourd'hui, c'est un paradis forestier. Ce miracle est l'œuvre d'un inspecteur général des Eaux et Forêts, Georges Fabre, qui, à partir de 1875, s'attaqua au problème du reboisement avec une admirable ténacité. Graduellement, malgré l'opposition des bergers, il porta de 2 000 à 14 000 ha la surface du manteau de verdure d'où s'échappent une demi-douzaine de torrents aux gorges souvent spectaculaires : Tapoul, Jonte, Trévezel, Dourbie, etc. Près de l'observatoire, l'*arboretum* de l'Hort-de-Dieu, véritable laboratoire en plein air, permet d'étudier la croissance et le comportement en montagne de diverses essences exotiques.

À l'ouest de l'Aigoual, dans un lambeau de calcaire isolé des Causses, le ruisseau du Bonheur s'escamote dans l'*abîme de Bramabiau* et ressort de terre 700 m plus loin après avoir creusé un labyrinthe de galeries et de salles souterraines, qui inspira à André Chamson son roman «l'Auberge de l'abîme».

Au sud-est, au bout du «sentier aux quatre mille marches» dont la dénivellation dépasse 1 000 m, les maisons de schiste noir et l'église romane de *Valleraugue* se serrent au bord de l'Hérault, au fond du gigantesque cirque de l'Aigoual.

Vers le sud, la route du col du Minier traverse la voûte sombre de la haute futaie pour atteindre *Le Vigan,* dont le vieux pont gothique se reflète dans l'Arre en formant un anneau parfait. Au centre de sa couronne de cultures en gradins, la ville produit des bas et des collants, et une pomme reinette qui porte son nom. Son Musée cévenol présente, entre autres richesses, de merveilleux costumes du XVIIe et du XVIIIe siècle, qui montrent ce que les couturiers de cette époque savaient tirer de la soie.

Au sud-est du Vigan, au pied des Cévennes, dans un bassin de calcaire cerné de crêtes blanches, *Ganges* a également un joli pont gothique, mais celui-ci enjambe l'Hérault. Sous Louis XIV, un crime particulièrement révoltant, l'assassinat de «la Belle Provençale», la très séduisante et très chaste marquise de Ganges, par ses deux atlantique et versant méditerranéen) et à ses sols alternativement calcaires, granitiques ou schisteux, que le parc doit son grand intérêt touristique. D'ores et déjà, de nombreux sentiers de promenade sont balisés, des randonnées équestres sont organisées par plusieurs centres. Quelques gîtes ruraux parfaitement aménagés combinent le charme de la vie au sein de la nature avec le confort moderne. Nul doute qu'ils se développeront dans l'avenir, car la restauration de nombreux hameaux encore habités figure en tête du programme d'aménagement. Ce dernier comporte également la remise en état des châteaux de Roquedols et de Florac, l'installation d'enclos animaliers, la création de zones de silence et de réserves intégrales, l'exploitation des neiges

▲ *Au ras du toit de lauzes de cette ferme aux allures de forteresse, on aperçoit les petites ouvertures de l'ancienne magnanerie. (Vallée Française.)*

du mont Lozère et de l'Aigoual pour le ski de fond, etc.

Seul des parcs nationaux français à être habité, le parc des Cévennes cherche avant tout à retenir les cultivateurs en humanisant la nature. Afin de donner tous apaisements aux intéressés, son conseil d'administration est composé pour moitié de représentants de la population locale, et les deux tiers des autres membres sont également d'origine cévenole. ■

La maison cévenole

Faite de grandes plaques de schiste, coiffée de lauzes, à peine décorée d'un peu de blanc autour des fenêtres, la maison cévenole semble sortir toute rouillée de la montagne. Des murs très hauts,

→

de cachette aux camisards, puis aux prêtres catholiques sous la Révolution, la grotte, à laquelle on accède maintenant par un funiculaire, est bien aménagée. Une salle immense, la « cathédrale », est ornée d'une profusion de concrétions translucides, dont la plus curieuse est une énorme stalagmite bizarrement contournée, baptisée la « Vierge à l'enfant ».

En bordure du causse

Au sud-ouest des Cévennes, l'immense causse rocailleux du Larzac est traversé de bout en bout par la route qui jadis, jalonnée de commanderies de Templiers ou d'Hospitaliers, conduisait les pèlerins à Saint-Jacques-de-Compostelle. Baptisée « route du *pas de l'Escalette* », cette voie séculaire doit son nom à l'étroit passage qui permettait de descendre des solitudes désolées du plateau dans la verdoyante vallée de la Lergue. À la fin du siècle dernier, on dévalait encore les 200 ou 300 m d'à-pic par des échelles de fer plaquées contre le rocher. C'était aussi la route de la laine, des précieuses toisons des milliers de moutons du Larzac, qui devaient franchir le pas à dos d'homme. Aujourd'hui, les voitures usent de cent lacets pour descendre de la citadelle de calcaire. Venue du causse gris souris, la route s'enfonce parmi les oliviers, les mûriers et les vignes du Midi, vers la riante plaine du Languedoc, toute bouquetée de toits roses sous son ciel immuablement bleu.

Lodève, bâtie en amphithéâtre au confluent de deux rivières, la Lergue et la Soulondres, est, avec ses vieux ponts et ses vestiges de fortifications, une petite cité pittoresque. Son seul monument marquant est l'ancienne cathédrale, la très belle église Saint-Fulcran (XIIIe-XIVe siècle), qui, sous une tour gothique de 57 m, dresse une façade percée d'une magnifique rose, couronnée de mâchicoulis et flanquée d'échauguettes; elle est bordée par un cloître voûté d'ogives dans lequel a été aménagé un musée lapidaire. Après avoir battu monnaie pour payer la solde des légionnaires de Néron, la ville se consacra de bonne heure à la filature de la laine des Causses et au tissage du drap, notamment pour vêtir les soldats. Aujourd'hui encore, ses produits sont surtout destinés à l'armée, mais le coton et les fibres synthétiques se sont joints à la laine.

Le parc du Haut-Languedoc

Au sud-ouest de Lodève et du Larzac, le parc naturel régional du Haut-Languedoc couvre l'extrémité méridionale du Massif central, un croissant de montagnes peu élevées (de 600 à 1 200 m), que les vallées

beaux-frères, dont elle avait repoussé les assiduités, mit la ville au premier plan de l'actualité. À cette époque, Ganges était déjà célèbre pour la qualité de ses bas de soie. Aujourd'hui, elle est passée au Nylon. Les alentours sont criblés d'avens, dont le plus spectaculaire est connu sous le nom de *grotte des Demoiselles*. Après avoir servi

▲ *Un hameau dans la Montagne Noire :*
Cupservies, magnifique belvédère
sur les gorges du même nom.

très épais, des ouvertures peu nombreuses et fort petites lui donnent l'aspect sévère d'une forteresse. Le rez-de-chaussée — le *ped* —, creusé dans le sol en pente, sert de cave. On habite au premier, que l'on atteint généralement par un escalier extérieur. La pièce principale est la cuisine, dotée d'une cheminée si vaste que deux personnes y tiennent à l'aise sur des bancs de pierre disposés de chaque côté de l'âtre. La partie la plus originale de la construction est le second étage. Il recèle la magnanerie, une salle immense, très haute, chichement éclairée par quelques œils-de-bœuf, où l'on élevait les vers à soie.

Autrefois, quand la famille s'agrandissait, on ajoutait une aile à la maison, qui finissait par être assez importante. À partir du XVIIIᵉ siècle,

de l'Agout et du Thoré découpent en trois ensembles à peu près parallèles : Sidobre et Lacaune au nord, Espinouse à l'est et Montagne Noire au sud. En tout, un espace de 132 000 ha, réunissant 70 communes. Du côté de l'océan, la couverture végétale est riche, profonde, forestière : c'est le Tarn et ses 42 communes. Vers la mer, elle est lumineuse, parfois roussie, implacablement inscrite dans le bleu du ciel : c'est l'Hérault, 28 communes, 30 000 habitants; presque un désert, mais prestigieux.

Au centre, l'Espinouse

En venant de l'est, on aborde le parc par les monts de l'Espinouse, dont la « porte » est *Lamalou-les-Bains,* station thermale (spécialisée dans la régénérescence musculaire et nerveuse) et centre d'excursions. De là, on grimpe, parmi les bruyères et les genêts, jusqu'au sommet dénudé du Caroux (1 091 m), un vaste plateau d'où l'on découvre un panorama immense et magnifique sur la Montagne Noire, les Pyrénées et les plaines du Languedoc jusqu'à la Méditerranée. Depuis 1930, où des inondations catastrophiques ont causé de terribles dégâts dans la région, on a entrepris de reboiser les pentes du Caroux. Épaulée par le Touring-Club de France et les communes, l'Association des écrivains combattants a créé une très belle forêt de 78 ha, dédiée aux 560 écrivains morts pour la France au cours de la Première Guerre mondiale.

Sur trois côtés, le plateau de Caroux est limité par des à-pics vertigineux qui offrent de belles difficultés aux amateurs de varappe. Entre les aiguilles de Rieutort, qui les dominent de plus de 800 m, et l'aiguille Déplasse, un mur lisse de 200 m de haut, les eaux du ruisseau d'*Héric* continuent d'approfondir le gigantesque coup de sabre qui isole le Caroux de l'Espinouse proprement dite. En 8 km, les gorges passent de plus de 1 000 m d'altitude à un peu moins de 200. C'est une série de cascades au fond d'un canyon plein de rumeurs et d'embruns, qu'un sentier, étroit comme une ficelle, suit avec des bonds de chèvre d'une rive à l'autre, du hameau d'Héric, où il ne reste plus qu'un seul habitant, au cirque de Farrière et au gouffre du Cerisier.

À l'ouest des monts de l'Espinouse, au fond d'un cirque de montagnes boisées, *Saint-Pons,* « capitale » du parc, est fière de son église, une curieuse abbatiale du XIIᵉ siècle, qui fut cathédrale et que le XVIIIᵉ siècle a profondément remanié. De ses origines, elle a conservé le visage guerrier de son flanc nord, qui, avec ses deux étages de meurtrières et de mâchicoulis, complétés par deux tours d'angle, a craché, au fil des siècles, suffisamment de flèches et d'huile bouillante pour « navrer » plus d'un ennemi.

À quelques kilomètres de la ville s'ouvre la belle *grotte de la Devèze,* surnommée « Palais de la fileuse de verre ». Découverte en 1886 sur le chantier des chemins de fer du Midi, elle s'étage sur trois niveaux, dont deux sont aménagés pour la visite. Sur 440 m de salles et de galeries, soit un peu plus que la rue de la Paix et la place Vendôme réunies, se déploie une prodigieuse exposition de flamboyants bijoux de calcite, une profusion de concrétions les plus rares, les plus délicates, les plus transparentes, les plus scintillantes, mais également les plus monumentales.

Le *saut de Vésoles* est situé au nord de Saint-Pons, dans un cadre d'une austère grandeur. D'une brèche de la montagne, un torrent, le Bureau, se ruait, par les marches d'un gigantesque escalier de granite, vers le Jaur, qui coule 700 m plus bas. Cela donnait une prodigieuse cascade de mousseline blanche, que les jours de grand vent éparpillaient en embruns et dont l'hiver givrait les arbustes environnants. C'était fantastique. C'était... car cela ne coule plus. Depuis 1954, le barrage de Vésoles a transformé cette féerie en kilowatts. Reste le site, un trou grandiose, mais dramatiquement sec, qui, par temps clair, conduit le regard jusqu'à l'outremer de la Méditerranée.

Les barrages ont tout de même des mérites, ne serait-ce que celui d'égayer le paysage de plans d'eau souvent très beaux. Entre les monts de l'Espinouse et ceux, plus septentrionaux, de Lacaune, l'E.D.F. a créé deux lacs qui sont d'indiscutables atouts touristiques. Fort bien aménagés, les 440 ha du *lac de la Raviège,* cernés par 24 km de routes pittoresques, agréablement boisées, se prêtent à toutes les formes d'animation sportive et contribuent puissamment à faire de *La Salvetat-sur-Agout* une agréable station estivale. Plus à l'est, le *barrage de Laouzas* transforme la Vèbre en un joli lac aux formes tourmentées, entouré de collines verdoyantes, où se donnent rendez-vous baigneurs, pêcheurs et amateurs de voile.

Une source d'eaux vives : la Montagne Noire

Au sud-ouest de l'Espinouse se dresse la Montagne Noire, le bloc le plus méridional du Massif central; son versant sud, qui descend en pente douce vers la plaine du Languedoc, est aride, couvert de garrigues parsemées d'oliviers et de châtaigniers, alors que le versant nord, abrupt et humide, est très boisé : c'est évidemment à lui que le massif doit son nom.

Sous Louis XIV, lorsque l'ingénieur Riquet, créateur du canal du Midi, eut besoin d'eau pour alimenter les écluses qui permettraient aux bateaux de passer de la Méditerranée à l'Atlantique, il fit appel au château d'eau naturel de la Montagne Noire, qui reçoit chaque année d'abondantes pluies, venues surtout de l'ouest. Pour collecter ses on préféra construire à côté. Les bâtiments séparés donnent à la ferme l'aspect d'un hameau où, près des bergeries, s'élèvent toujours la *clède,* un petit bâtiment où l'on faisait sécher les châtaignes au-dessus d'un feu de bois, afin de les conserver, et la soue du cochon qui mangeait les déchets de ces mêmes châtaignes et que l'on sacrifiait en grande pompe une fois l'an. ■

La transhumance dans les Cévennes

Une des principales ressources des Cévennes est l'élevage des ovins et des caprins. Reconnues coupables de déforestation en 1725, les chèvres furent longtemps interdites de séjour. Réhabilitées par un élevage plus vigilant, elles sont appréciées →

▲ *Au-dessus du hameau de Douch, la forêt envahit les pentes du mont Caroux.*

Les bois et les landes du Sidobre sont parsemés de chaos de granite à l'équilibre précaire.
▼ *(Les Trois Fromages.)*

eaux vives, il creusa dans son flanc sud la *rigole de la Montagne,* longue de 25 km. Sinueuse, bordée par un joli chemin ombragé, c'est une ravissante promenade. Son parcours, depuis la *prise d'eau d'Alzeau,* où le ruisseau cascade sur les rochers parmi les arbres, jusqu'au *bassin de Saint-Ferréol,* un magnifique plan d'eau de 89 ha, serti de collines verdoyantes, en passant par le *bassin de Lampy,* où une digue retient un lac de 24 ha, est de bout en bout un enchantement. *Saint-Ferréol* est un centre de sports nautiques, et son site, son parc magnifique, ses cascades et ses jets d'eau en font une très agréable station estivale.

Mais la Montagne Noire a d'autres séductions : côté nord, des forêts de hêtres et de sapins; côté sud, dans le Cabardès, quatre châteaux en ruine à *Lastours,* vestiges de la puissante forteresse de Cabaret qui tint en échec le redoutable Simon de Montfort; des mines d'or à *Salsigne;* un spectacle «son et lumière» à *Saissac,* qui transfigure chaque soir le village perché et son château fort; la *grotte de Limousis,* dont l'énorme bouquet de calcite semble fait de cristal; et puis des gorges, de vieilles églises, des abbayes, des cascades et le vaste panorama du *pic de Nore* (1 211 m), le point culminant.

Théâtre de granite, le Sidobre

Au nord de la Montagne Noire, le petit massif du Sidobre est entouré sur trois côtés par la vallée encaissée de l'Agout. C'est un plateau de granite, constellé d'énormes blocs de roche arrondis en boules, qui composent un paysage extrêmement curieux. De véritables «rivières de rochers», les *compayrés,* balafrent les landes de gigantesques chaos sous lesquels murmurent des ruisseaux invisibles. Ceux-ci apparaissent parfois, tel le Lignon qui se dégage brusquement de sa gangue de pierre pour offrir le magnifique spectacle du *saut de la Truite,* une cascade de 20 m de haut. Çà et là, des mares piquées d'ajoncs, le *lac du Merle* et ses nénuphars. Et, partout, les géants pétrifiés qui peuplent le Sidobre de leurs silhouettes étranges : la *Peyro Clabado* (780 t), dont l'équilibre est si ténu qu'elle semble clouée (d'où son nom) sur son support; le *rocher tremblant de Sept-Faux* (980 t), deux blocs superposés qui branlent du chef à la seule sollicitation d'un levier de bois; et le *Chapeau du Curé,* les *Trois Fromages,* le *Roc de l'Oie,* le *Verdier* et tant d'autres...

À l'est du Sidobre, dans le pittoresque village perché de *Ferrières,* un vieux château Renaissance, majestueux et délabré, abrite un musée du protestantisme en haut Languedoc et un atelier de lutherie. C'est une des «maisons» du parc naturel, centres d'animation culturelle et d'information régionale, traits d'union entre les autochtones et les visiteurs de l'été.

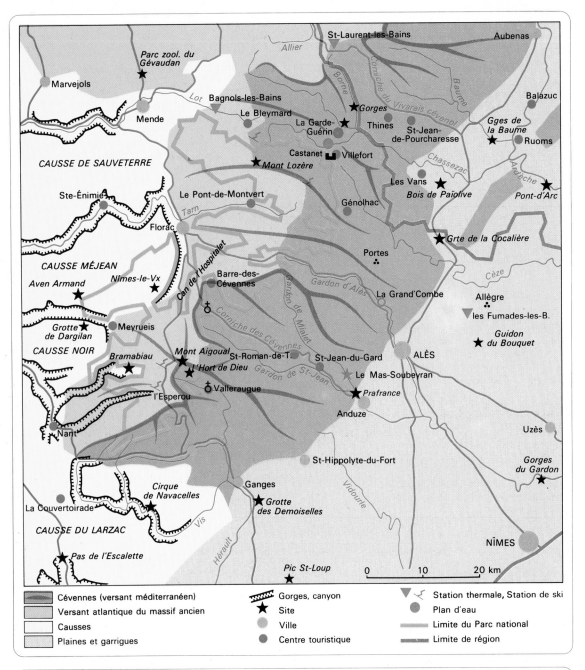

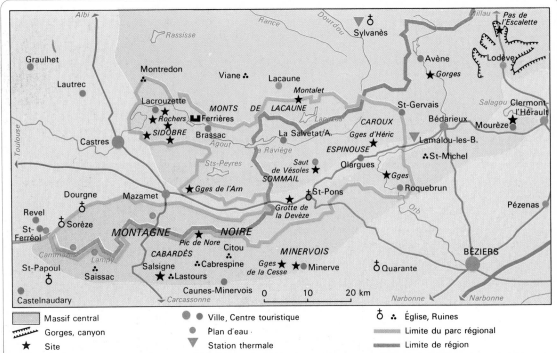

pour la qualité et l'abondance de leur lait, qui sert à fabriquer le *pélardon*, un fromage réputé. Quant au lait des quelque 60 000 brebis cévenoles, il contribue à la production d'un des plus célèbres fromages français, le *roquefort*.

Pour brouter à leur convenance, les troupeaux cévenols ont toujours transhumé. Jusqu'à un passé très récent, les brebis se rendaient à leur pâturage d'été par les « drailles », des chemins parfois étroits, parfois élargis jusqu'à 80 m sur le causse, afin de leur éviter de marcher au milieu d'un nuage de poussière. Depuis quelque temps, la transhumance se fait par camion, ce qui est moins pittoresque, mais plus rapide et plus hygiénique. Est-ce à dire que les drailles vont être abandonnées? Certainement pas, car une nouvelle race en pleine expansion a d'ores et déjà pris la place du mouton : celle de l'excursionniste de grande randonnée, que l'on peut considérer comme la chèvre du tourisme et qui suit les drailles, quelquefois en promenade équestre.

Même si elle n'est pas d'origine préhistorique, la draille fut certainement la voie de pénétration de la civilisation méditerranéenne vers l'Auvergne. Ainsi, la voie romaine dite « Régordane » est associée au nom des « regords », les agneaux nés hors saison, que l'on évacuait vers le bas pays avant la fin de l'estivage.

Le lacis des drailles cévenoles part d'un triple tronc. Le premier va de Ganges à l'Aubrac, un autre relie Saint-Hippolyte-du-Fort à la Margeride, le troisième part d'Alès, d'Anduze et de Saint-Jean-du-Gard pour le Gévaudan. La direction du parc national des Cévennes prévoit la création d'un centre de rencontres entre bergers et touristes, la création d'un musée de la Transhumance, l'édition de documents et surtout l'organisation de randonnées pédestres et équestres qui feront un large usage des drailles millénaires. ■

La grotte de la Cocalière

Il est rare qu'une grotte soit assez vaste pour abriter une course cycliste, même si ses pistes sont parfaitement bétonnées. C'est pourtant le cas de la Cocalière, au nord d'Alès, la plus grande caverne de France avec ses 33,500 km de galeries actuellement reconnus.

Après la « salle du Congrès », capable de contenir 600 personnes, une spectaculaire galerie de 530 m chemine entre des gours vert-bleu d'une oppressante beauté. Plus loin, ce sont des coulées de manganèse d'un gris velouté, ailleurs des ocres rouges d'une étonnante intensité. Enfin, au milieu du scintillement des cristaux de calcite, toute la gamme des concrétions classiques, complétée par d'autres plus surprenantes, comme ces « perles des cavernes » en cours de formation, et ces disques en porte à faux sur les parois, rarissimes ailleurs, nombreux ici. ■

Rome en Languedoc
Nîmes et le pont du Gard

▲ *Plus de 20 000*
spectateurs
trouvaient place
sur les gradins
des Arènes.

◄ *Souvenir*
du temps
où Nîmes
était romaine,
le temple
de Diane.

*Ces larges galeries
permettaient
d'évacuer l'amphithéâtre
en quelques minutes.*

*La situation dégagée
des Arènes de Nîmes
permet d'apprécier
l'équilibre de leurs
importantes proportions.*

*C'est en Languedoc, à l'orée de la Provence,
que se trouvent les vestiges les mieux conservés de la Gaule romaine.
Souvenirs d'un passé vieux de vingt siècles,
les Arènes et la Maison carrée sont les plus remarquables
des monuments qui font de Nîmes une grande ville d'art.*

▲ Un chef-d'œuvre romain
directement inspiré
de l'art grec :
la Maison carrée.

Les trente colonnes ▶
corinthiennes
de la Maison carrée
s'élevaient jadis
au centre du forum.

◀ Musée des Antiques :
tête d'Apollon
en bronze.

Double page suivante :

Au jardin de la Fontaine,
bassins et balustrades
ont remplacé
l'antique nymphée
du dieu Nemausus.

Trophée, tombeau,
bastion ou mirador,
l'énigmatique tour Magne
domine Nîmes
depuis plus de vingt siècles.

*Le vieux pont ▲
Saint-Nicolas
enjambe le Gard
(ou Gardon)
entre Nîmes et Uzès.*

*Au pied ▶
des chênes verts
et des rocailles
de la garrigue,
le cours irrégulier
du Gardon.*

8. Nîmes

Pour abreuver les Nîmois, les Romains captèrent une source lointaine
et construisirent un long aqueduc qui serpentait
parmi les buissons et les pierrailles des garrigues.
Pour lui faire franchir la gorge encaissée du Gardon,
ils édifièrent l'un des plus beaux ouvrages d'art de tous les temps,
le célèbre pont du Gard.

Le pont du Gard : ▶
un chef-d'œuvre d'architecture
pour transporter un filet d'eau.

▲ *Derrière le lanternon*
de la tour de l'Horloge (XVIIᵉ s.)
et le clocher néo-roman de Saint-Paul,
la tour Magne qui domine Nîmes.

A Nîmes, ardente est la lumière! Elle fait cligner les yeux. Et puis, il y a le bruissement obsédant des cigales. Toute la belle ordonnance classique de la ville vacille, et l'on se sent entraîné dans un tourbillon de bruits et de clartés, de frémissements d'ombres et d'odeurs enivrantes. La brise légère fait murmurer les platanes du mail de l'avenue Feuchères. Elle module le chant des cigales, qui déferle par vagues successives, et fait chatoyer langoureusement les taches de soleil sur les trottoirs encombrés.

Tout est léger sous la fraîcheur du feuillage que l'on suit comme la berge d'un fleuve. Le soleil tombe dru et, de 10 heures du matin à 4 heures du soir, l'avenue est brûlante comme en plein midi. De chaque bouche d'ombre s'échappent des échos sonores, témoins d'une vie intense derrière les façades grises des immeubles, alors que, à la terrasse d'un café, les verres reflètent la grande tache blanche de la place de la Libération et la fontaine Pradier.

C'est l'heure apéritive où, rituellement, l'odeur de l'anis se répand dans l'atmosphère. Une femme poussant un landau noir traverse vivement la blancheur de craie du square pour gagner l'abri des micocouliers derrière lesquels sommeillent les Arènes. Au pied du grand amphithéâtre bourdonne un dédale de petites rues aux maisons basses, des rues parfumées d'odeurs de droguerie et d'épices, qui passent et repassent auprès de monuments vénérables, plantés là comme des ancêtres prenant le frais.

Au carrefour des grands chemins de l'Antiquité

Si le climat, l'ambiance et les souvenirs gallo-romains de Nîmes rappellent, par bien des côtés, la Provence toute proche, la ville n'en est pas moins située dans le Languedoc, aux confins de la plaine et des Garrigues, entre le moutonnement des vignes et les collines de calcaire où poussent les pins et les oliviers. À vol d'oiseau, le Rhône est à une vingtaine de kilomètres, la Méditerranée à près de quarante. À l'encontre de bien des cités antiques, Nîmes n'était pas un port, mais un carrefour routier, au croisement de la grande voie Domitienne, qui reliait l'Italie à l'Aquitaine, et des routes rayonnant vers le nord et le nord-est de la Gaule.

Créée autour d'une source sacrée dont le génie, Nemausus, donna son nom à la cité, Nîmes était la capitale d'une tribu gauloise qui fit bon accueil aux Romains lorsque ces derniers envahirent la région, vers l'an 120 av. J.-C. Sa prospérité date de l'empereur Auguste qui, après avoir vaincu Antoine et Cléopâtre, y installa, en 19 av. J.-C., une colonie de légionnaires revenant d'Égypte (ce qui explique les armes de la ville, représentant un crocodile — symbole du Nil —

enchaîné à un palmier). La ville s'entoura de quelque 6 km de remparts, et une élégante cité gallo-romaine jaillit de terre avec ses monuments, ses thermes, ses villas et ses temples.

Le déclin commença à l'aube du Vᵉ siècle avec l'arrivée des Vandales. Nîmes tomba ensuite aux mains des Wisigoths (472), puis des Sarrasins (725), avant de devenir la propriété des comtes de Toulouse (1185). Conquise sans coup férir par Simon de Montfort, lors de la croisade contre les albigeois, elle se soumit à Louis VIII et, en 1229, fut annexée au royaume de France.

Si l'arianisme des Wisigoths (qui ne croyaient pas en la divinité de Jésus-Christ) n'avait pas conquis les Nîmois, si l'hérésie cathare ne les avait pas séduits au point de se faire massacrer pour elle, le calvinisme, au XVIᵉ siècle, les enflamma. Nîmes se convertit résolument à la doctrine protestante. Durement éprouvée par les guerres de Religion, puis par les troubles qui suivirent la révocation de l'édit de Nantes, elle ne retrouva son calme qu'avec le libéralisme du XVIIIᵉ siècle. Elle reprit alors son essor interrompu et devint la belle cité bourgeoise et classique, un peu austère, que nous voyons aujourd'hui.

D'abord, des jeux

Les Romains, eux, n'étaient ni calvinistes ni austères. Le témoignage le plus spectaculaire que Nîmes ait conservé de leur passage est un lieu de plaisir, un amphithéâtre assez spacieux pour accueillir tous les habitants avides de distractions. Les *Arènes* se dressent au centre d'une place dont les vastes proportions permettent d'admirer le monument dans son ensemble, en dépit de ses dimensions imposantes : 133 m pour le grand axe, 101 m pour le petit et 21 m pour la hauteur. Cette colossale vasque de pierre, faite d'énormes blocs assemblés sans ciment, a la forme d'une ellipse s'ouvrant à l'extérieur par deux rangées superposées de 60 arcades. À l'intérieur, 34 rangs de gradins pouvaient recevoir, autour de la piste ovale, longue de 69 m et large de 38 m, quelque 23 000 spectateurs, répartis sur quatre étages en fonction de leur situation sociale.

Contrairement à celui d'Arles, l'amphithéâtre de Nîmes n'était pas aménagé pour les combats de fauves, le mur qui ceinture l'arène — le *podium* — n'étant pas assez élevé pour protéger efficacement le public contre des animaux capables de bondir. Les spectacles qui s'y donnaient étaient surtout des combats de gladiateurs, des courses de chars et, grâce aux bassins construits sous la piste, des fêtes nautiques appelées « naumachies ». Des hommes y combattaient aussi les bêtes féroces qui luttent au sol, sans sauter : ours, sangliers ou — déjà — taureaux.

Petit abrégé de tauromachie

Les jeux taurins qui se déroulent dans toutes les arènes du Midi sont essentiellement les *courses à la cocarde*, spécifiquement camarguaises, et les *corridas*, typiquement espagnoles.

Dans les premières, des hommes sobrement vêtus de blanc, les *razeteurs*, s'efforcent de décrocher — en décrivant un demi-tour appelé *razet* — la cocarde fixée sur le front d'un petit taureau noir de Camargue, vif et nerveux. Les courses sont souvent précédées d'un défilé (l'*abrivado*, où des gardians à cheval conduisent les taureaux jusqu'aux arènes à travers la ville) et — sauf accident — elles ne sont pas sanglantes.

Dans la corrida, un *matador*, secondé par une *cuadrilla* (équipe) de *toreros*, affronte et tue un *toro* spécialement élevé dans ce dessein. C'est une bête puissante et agressive, âgée de trois à sept ans, sélectionnée pour sa « bravoure », sa « noblesse » et son « entrain », et qui, n'ayant encore jamais combattu, ignore tout de ce qui l'attend dans l'arène. La course, dirigée par un « président » chargé de veiller au strict respect des règles, se déroule devant un nombreux public d'*aficionados* passionnés. Son but étant l'*estocade*, au cours de laquelle le matador enfonce une épée entre l'omoplate et la colonne vertébrale du taureau, afin de provoquer — si possible — une mort foudroyante, les différentes phases de la course — les *tercios* — visent à fatiguer suffisamment l'animal pour qu'il découvre son garrot en se tenant pratiquement immobile. Ce résultat

▲ *Vêtu de l'«habit de lumière»,*
le torero fatigue le toro
par des passes de cape.

Corrida aux Arènes de Nîmes :
l'entrée des matadors,
▼ *ou* paseo.

Si certains amphithéâtres romains ont de plus grandes dimensions (celui de Nîmes n'occupe que le vingtième rang parmi les soixante-dix qu'a légués l'Antiquité), aucun n'est mieux conservé. On y retrouve jusqu'aux consoles percées qui, au troisième étage, soutenaient les mâts auxquels on accrochait le vélum destiné à garantir les spectateurs des ardeurs du soleil. Sa longue histoire n'est pourtant pas exempte de vicissitudes. Probablement construit peu avant ou au tout début de notre ère (aucun document n'a permis de fixer la date exacte de son édification, attribuée à divers empereurs, d'Auguste aux Antonins), il fut transformé en forteresse par les Wisigoths, qui murèrent ses arcades. Le Moyen Âge le flanqua de tours et en fit un véritable château fort, défendu par la milice des « chevaliers des Arènes ». Au XIIIᵉ siècle, lorsque la ville fut réunie à la couronne de France, la citadelle, désormais sans emploi, fut envahie par les petites gens. Quelque 2 000 personnes y vécurent, formant un véritable village qui avait même sa chapelle.

est obtenu par une succession de figures appelées *suertes*.

Lorsque le toro, enfermé depuis plusieurs heures dans l'obscurité du *chiquero* (box individuel du toril), est lâché dans l'arène éblouissante de soleil, il est aveuglé, énervé par les applaudissements de la foule, et il se rue sur les *peones*, aides du matador dont le rôle est de montrer à ce dernier les réactions du fauve qu'il s'apprête à combattre. Vêtu de l'« habit de lumière » chamarré de broderies, le torero commence par « calmer » le toro par des passes de cape, obligeant l'animal à charger sans arrêt. C'est ensuite aux *picadors* d'intervenir. Montés sur des chevaux protégés par un épais matelassage, ils doivent attirer l'attention de l'animal et briser ses assauts en lui plantant leur pique dans le haut du cou.

▲ *Les figures de la* faena
— ici une « naturelle » —
sont exécutées
avec la muleta.

Les *banderilleros* leur succèdent et posent sur le garrot de la bête trois paires de banderilles, bâtonnets enrubannés terminés par un crochet d'acier.

La dernière phase de la course est la *faena*. Le matador, dans un style qui lui est propre, travaille la bête avec une étoffe rouge fixée sur un bâton, la *muleta*, qui lui permet de détourner les coups de corne en restant pratiquement immobile. Lorsque le toro fatigué, désorienté, s'immobilise enfin, c'est « l'instant de vérité ». Se jetant entre les cornes, le matador plonge son épée dans le garrot du fauve vaincu.

Si l'estocade est foudroyante, la foule lui fait une ovation.

Les *novilladas* sont des corridas réservées aux matadors débutants, les *novilleros*, auxquels on oppose des bêtes jeunes. ■

Le Castellum divisiorum *distribuait aux divers quartiers de Nîmes l'eau amenée*
▼ *par le pont du Gard.*

C'est seulement au XIXe siècle que les Arènes furent déblayées, nettoyées, restaurées. On abattit les tours, on rouvrit les arcades (sauf trois, dont deux sont percées de fenêtres romanes, seuls vestiges du château fort médiéval), et le grand vaisseau de pierre retrouva, avec les courses de taureaux, sa destination première.

Une belle dame un peu triste

Si les Arènes, massives et imposantes, sont typiquement romaines, la *Maison carrée,* précieuse et gracile, est d'inspiration nettement hellénique. À l'image des temples grecs, elle est formée d'une salle close — la *cella* —, précédée d'un péristyle dont les colonnes corinthiennes supportent un fronton triangulaire. Ses dimensions sont réduites, et sa forme est — malgré son nom — rectangulaire (26 m sur 13 m et 17 m de hauteur). À l'époque romaine, elle donnait sur le forum et était entourée, sur trois côtés, de portiques à colonnes. Chef-d'œuvre d'élégance, la Maison carrée est peut-être le plus complet, le plus miraculeusement préservé de tous les temples élevés par la Rome antique, et son apparente fragilité rend plus surprenante encore son extraordinaire longévité.

Née à l'apogée de la gloire romaine, au cours des dernières années du Ier siècle av. J.-C., élevée par Agrippa, le gendre d'Auguste, et dédiée à ses fils Caïus et Lucius, les « princes de la jeunesse »,

adoptés par l'empereur, sa vie fut une succession de deuils, d'honneurs et de « coups du sort ». Dieu sait ce que les Wisigoths firent d'elle! Remarquée par les comtes de Toulouse, elle abrita leurs assemblées. Elle servit ensuite alternativement de résidence particulière et d'église, puis faillit devenir le mausolée des sires de Crussol, premiers ducs d'Uzès. Délabrée, déchue, elle fut transformée en écurie, puis, telle Peau-d'Âne, elle fut distinguée par un seigneur, en l'occurrence par Colbert, qui envisagea de la faire transporter à Versailles. Qui, de Napoléon ou du cardinal Alberoni, voulut la couvrir d'or? Le Directoire la consacra aux fonctions administratives. Successivement musée de peinture et médaillier municipal, elle abrite aujourd'hui le musée des Antiques, ce qui sied fort bien à une demoiselle de son âge.

Malgré toutes ses aventures, la Maison carrée a conservé un air réservé et donne une « légère impression de froideur et d'ennui » (C. Jullian) qui convient parfaitement à l'une des principales notabilités d'une ville protestante. Le soir, lorsque les derniers rayons du soleil couchant illuminent son visage safrané, elle songe à sa belle jeunesse en serrant contre son cœur les trésors confiés à sa garde : la *Frise des aigles* d'Hadrien, de merveilleuses mosaïques, le beau cippe qui, comme un médaillon, lui rappelle les grands bourgeois de l'Antiquité, avec lesquels elle frayait sans doute, malgré son rang qui lui vaut encore la compagnie d'Apollon et celle de la *Vénus de Nîmes*, visiteurs de marbre attardés dans le crépuscule embaumé du Midi.

Un mystérieux ancêtre

Dominant Nîmes du haut des 112 m d'altitude du mont Cavalier, la *tour Magne* dresse fièrement les 30 m de sa silhouette ruinée. De forme octogonale, elle est dans un tel état de délabrement qu'il est difficile de déterminer la date de sa construction (probablement la fin du Ier siècle av. J.-C.) et sa destination première.

En découvrant ces imposants vestiges, on sent planer une obscure menace et l'on croit entendre souffler le vent du nord, même par temps calme, tant la construction puissante semble avoir été édifiée en vue des pires catastrophes, pour affronter la fureur des dieux et des hommes. Si la tour Magne fut incorporée aux remparts de la ville, elle paraît leur être antérieure, et toutes les opinions émises à son égard sont plausibles : elle a la stature d'un trophée (comparable à celui de La Turbie, près de Nice) et la majesté d'un autel (qui aurait été élevé à Isis par les vétérans venus d'Égypte pour former la *Colonia Augusta Nemausus*). C'était, comme son nom l'indique, la plus grande des 90 tours qui défendaient l'enceinte romaine. Après avoir servi, au Moyen Âge, de phare et de sémaphore, en liaison

Les Costières-du-Gard

Le *coustiero soleilhousa*, c'est la pente d'une petite colline exposée au soleil. C'est de cette expression languedocienne que vient le nom des Costières-du-Gard, qui désigne un ensemble de petites vignes pentues, remarquablement bien exposées sur un long talus qui domine la plaine du Rhône entre Saint-Gilles, Beaucaire, Vauvert et Meynes. On y produit des vins de qualité d'une très belle couleur, hauts en degré et d'un bouquet délicat, vendus, pour la plupart, sous l'appellation V. D. Q. S.-Costières-du-Gard. Le plus célèbre d'entre eux est un blanc d'appellation d'origine contrôlée, la clairette de Bellegarde. Comme la clairette du Languedoc, c'est un vin très corsé, fortement alcoolisé, d'une belle teinte chaude.

Les rouges, solidement charpentés, mais fins et bouquetés, rappellent les meilleurs crus des Côtes-du-Rhône. Le plus connu est celui de Beaucaire, qui s'est taillé la part du lion dans la production des rouges, mais celui de Vauvert lui rend bien des points : charnu, brillant, d'un nez admirable, doté d'un équilibre général, d'une finesse certaine et d'un bouquet nuancé, il est tout à fait apte à vieillir. Il faut aussi goûter l'exquis rosé de Galliérau. Les vins de Jonquières, ainsi que ceux de tous les villages de la partie orientale des Costières, tels ceux de Bezouces et de Manduel, sont corsés et capiteux. Ils se rapprochent déjà de ceux des côtes du Rhône gardoises et, notamment, du fameux tavel, le célèbre rosé à la belle couleur rubis, à la fois sec et souple. ■

▲ *Le vendangeur porte sur la nuque la « cornue » pleine de raisin.*

La source sacrée du dieu Nemausus emplit toujours les bassins
▼ *du jardin de la Fontaine*

Deux cités languedociennes à l'orée de la Camargue

Assoupies entre les rizières de la Camargue et les vignobles des Costières-du-Gard, deux petites villes, isolées à la lisière de la Provence, rêvent au temps de leur splendeur.

Au milieu des marais, des lagunes et des étangs qui lui valurent son nom, *Aigues-Mortes* dresse son enceinte rectangulaire telle qu'elle jaillit du sol au XIIIe siècle. Lorsque Saint Louis décida de conduire une croisade en Terre sainte sans l'aide d'aucun souverain étranger, il se heurta à une difficulté : le domaine royal ne possédait pas de port sur la Méditerranée. Pour remédier à cet état de choses, le roi fit l'acquisition, dans le comté de Toulouse, « fief mouvant » de la Couronne, d'un →

permanente avec la tour de Constance d'Aigues-Mortes, elle fut transformée en forteresse par les comtes de Toulouse.

Autrefois, la tour Magne était remplie de terre, et l'on accédait à sa plate-forme — qui se trouvait alors à 40 m de hauteur — par un escalier extérieur. Mais, sous Henri IV, des chercheurs de trésors la sapèrent, la fouillèrent, la vidèrent sans autre résultat que de compromettre sa résistance. Au XIXe siècle, on la consolida par un gros pilier de maçonnerie et on la dota d'un escalier intérieur.

Du sommet, on découvre le lent déroulement des Cévennes, les Alpilles, la garrigue avoisinante et, quand le temps s'y prête, le miroitement de la Méditerranée, ponctué par la tache d'or des remparts d'Aigues-Mortes. La ville s'étale à vos pieds, au-delà des vertes frondaisons, des nymphes, des satyres, des vasques et des chérubins du *jardin de la Fontaine.*

Une fontaine dans un jardin

C'est « un grand jardin plein d'ombrages et de murmures » (Flaubert) d'où jaillissent des cris d'enfants. Ceux-ci forment-ils encore une ronde autour d'un arbre ou d'une statue en chantant

*A la Font Nimes
I a un amandié
Que fai de flour blanco
Au mes de Janvié*

(À la Fontaine de Nîmes, il y a un amandier qui fait des fleurs blanches au mois de janvier)? Ce beau parc incite, certes, à la poésie, mais les promeneurs y cherchent-ils encore un amandier légendaire ou le souvenir d'un dieu gaulois?

Lorsque, au XVIIIe siècle, un ingénieur militaire, Mareschal, entreprit d'aménager le réseau d'irrigation de la source Nemausus, dont les eaux limpides jaillissent au creux d'un rocher, les fouilles mirent au jour d'importants vestiges romains dont la destination primitive reste parfois obscure. Restaurations et constructions nouvelles ont créé un magnifique ensemble de terrasses et de jardins, de bassins et de canaux, de parterres fleuris, de balustrades de pierre et de vases de marbre. Ce sont de longues heures, calmes et sereines, qui s'écoulent le long des thermes romains, au-dessus des restes de la *nymphée* élevée par Auguste. Venant de la grotte, des amoureux descendent les marches de l'escalier monumental conçu par l'architecte nîmois Esprit Dardalhon. Ils traversent le terre-plein sans sentir le feu du soleil, puis vont s'asseoir sur un banc ombragé, près de la statue du boulanger-poète Jean Reboul, ami de Lamartine. En face, pareil à un vieux lion tapi dans la végétation, le *temple de Diane* panse village situé à proximité de la mer, au point le plus oriental de la France d'alors : Aigues-Mortes. Il y fit creuser un port, relié à la mer par un canal et protégé par un énorme donjon cylindrique, la tour de Constance.

Contrairement à ce que prétend une légende tenace, la mer n'a jamais baigné les murs d'Aigues-Mortes. C'est par le canal que, le 28 juillet 1248, partirent les nefs de la septième croisade et, vingt-deux ans plus tard, celles de la huitième.

Après la mort de Saint Louis, son fils, Philippe le Hardi, fit élever les remparts qui ceinturent la ville. Dessinant un vaste rectangle, à peu près régulier, de quelque 500 m sur 300 m, les murailles, hautes de 11 m et épaisses de 3 m, sont flanquées de vingt tours. Un chemin de ronde garni de créneaux les couronne, et

▲ *Au milieu des lagunes et des marais,*
Aigues-Mortes,
créée par Saint Louis
pour avoir accès à la Méditerranée.

les blessures que lui ont infligées les guerres de Religion. Il garde son mystère, n'offrant plus aux curieux que sa *cella* et une partie de sa voûte en berceau, soutenue par de larges doubleaux qui sont comme le départ d'un puzzle, une invite à se perdre en conjectures sur l'origine du joli nom de ce monument et sur les raisons qui poussèrent les Romains à le construire. Villa, thermes, temple véritable? Nul ne répond. Et la promenade continue parmi les pins et les arbres de Judée du mont Cavalier, par les allées sages qui montent sans hâte vers le sommet, jalonnées de bancs où se repose toute une population heureuse, bercée par le lent balancement des arbres sur le ciel.

Urbanisme et fortifications

Les eaux de la fontaine Nemausus suffisaient aux besoins d'une bourgade gauloise, mais elles étaient trop irrégulières pour satisfaire ceux d'une cité romaine. Aussi Agrippa dota-t-il la ville, à la fin du Iᵉʳ siècle av. J.-C., d'un vaste réseau d'irrigation. Situé au pied du fort construit au XVIIᵉ siècle pour surveiller les protestants récalcitrants, le *Castellum divisiorum* est, avec celui de Pompéi, le seul château d'eau d'époque romaine existant en Europe. Il faut l'imaginer avec son toit soutenu par des colonnes aux chapiteaux corinthiens et penser à toute l'eau qui, avant de se déverser dans ses canalisations, se rafraîchissait en passant dans un long canal souterrain après avoir parcouru des kilomètres de garrigue en plein soleil.

Grande rescapée du Moyen Âge, la *porte d'Auguste* rappelle discrètement, aux abords de la place Gabriel-Péri, les remparts élevés vers l'an 16 av. J.-C. Découverte en 1793, après la démolition du château construit en 1339 par Charles VI, elle porte, entre ses deux arcades, une colonne que l'on pense être la première borne milliaire (le « kilomètre zéro ») de la voie Domitienne, la grande route dallée de longues pierres rectangulaires qu'empruntaient les marchands, les armées, toute la vie antique qui parcourait le Languedoc, de l'Italie jusqu'à l'Espagne, en y déposant, tel un fleuve son limon, les germes de la civilisation occitane. La ville s'est exhaussée depuis. Maintenant, c'est elle qui paraît protéger le monument qui fut la plus grande porte fortifiée des remparts romains, dont Nîmes était la seule ville, dans toute la Narbonnaise, à être entourée.

Les longs boulevards ombragés qui entourent la ruche bourdonnante d'activité qu'est le vieux Nîmes semblent avoir une certaine nostalgie de l'époque où ils étaient les remparts de la ville médiévale, beaucoup moins vaste que la cité romaine. Ils mènent au square Antonin et au quai de la Fontaine, longent la Maison carrée, contournent les Arènes. Sous leurs grands platanes, devant les beaux hôtels du XVIIIᵉ siècle, claquent les boules des joueurs de pétanque

qui officient gravement au milieu de leurs supporters silencieux.

Étroite et sinueuse, débordante de vie et de mouvement, la rue des Marchands ne paraît pas avoir changé depuis le Moyen Âge, lorsque les commerçants et les négociants de toutes sortes faisaient la richesse de la ville. Pourtant, tout le vieux Nîmes a été reconstruit, du XVIᵉ au XVIIIᵉ siècle. Non loin de la maison natale d'Alphonse Daudet, qui s'élève au numéro 20 du boulevard Gambetta, des enfants qui doivent ressembler au *Petit Chose,* le triste héros de l'écrivain, courent dans les flaques d'ombre, se poursuivent dans les cours des somptueux hôtels Renaissance ou classiques de la rue de la Trésorerie et de la rue Dorée, et jouent à cache-cache dans le beau cloître de l'ancien collège des Jésuites, aujourd'hui musée archéologique.

Au centre de la vieille ville, la cathédrale Notre-Dame-et-Saint-Castor, dont la base date du XIᵉ siècle, a été presque entièrement rebâtie au XIXᵉ siècle dans le style romano-byzantin. Elle abrite quelques beaux spécimens d'art religieux.

Sur le sable d'or

Tous les jours, Nîmes, qui est aussi une grande ville moderne, est fort active, mais, une fois par an, elle est prise d'une véritable frénésie. Les premiers symptômes de la crise se manifestent au moment où, venant du boulevard Victor-Hugo, la *pena* d'Aigues-Mortes entonne une *copla* aux accents aigrelets. Les ors et les cuivres brillent sur les costumes blancs égayés de gilets rouges. La foule, qui a suivi l'*encierro,* dépasse la fanfare et s'amasse aux bords du canal de la Fontaine, toute bruissante d'habits neufs, de cris et de rires, tandis que les jouteurs venus du Grau-du-Roi apprêtent leurs bateaux. Les fifres et les cornets à pistons attaquent un air martial lorsque, sur le canal, les longues barques glissent silencieusement l'une vers l'autre dans le reflet bleu et vert du ciel et des platanes. Elles se rapprochent. Le murmure de la foule enfle. Soudain, tout se tait : les jouteurs arrivent... Ils engagent la prise, et un hurlement — de joie pour les uns, de dépit pour les autres — retentit lorsque l'un d'eux tombe en soulevant une grande gerbe d'eau. Il est immédiatement remplacé par l'un des rameurs, et le combat reprend de plus belle.

Au même instant, place du Chapitre, les enfants provoquent les taurillons emboulés, tandis que, dans le faubourg de Saint-Césaire, on lâche les taureaux pour une course à la cocarde, et que, place Séverine, aux arènes du village gardian, se déroule le spectacle camarguais. Une grande clameur monte de la ville. On y distingue la galopade effrénée des bêtes qui, déjà ruisselantes de sueur, l'écume à la bouche, ruent et chargent la foule. Comme un énorme cœur, celle-ci se contracte et se dilate spasmodiquement autour des taches leur pied était autrefois bordé d'un fossé. À l'angle nord-ouest, la muraille s'incurve pour contourner la tour de Constance, à laquelle elle est reliée par un pont fixe. Haute de 30 m, cette tour est surmontée d'une tourelle de guet de 10 m qui servit longtemps de phare et transmettait des signaux à la tour Magne, à Nîmes. Du sommet, la vue s'étend jusqu'au mont Ventoux, aux premiers contreforts des Cévennes, aux pyramides de La Grande-Motte et, au bout du canal de la Grande-Roubine (qui a remplacé l'ancien chenal), jusqu'au Grau-du-Roi et à la Méditerranée. À l'intérieur des murs, la ville a conservé la disposition en damier que lui avaient donnée ses constructeurs, mais elle ne comporte presque plus d'édifices anciens.

Prospère durant cent ans, Aigues-Mortes périclita ensuite rapidement lorsque son canal s'envasa. Place forte calviniste au XVIe siècle, elle devint, après la révocation de l'édit de Nantes, un bagne pour les protestants écroués dans la tour de Constance. La création de Sète, au XVIIIe siècle, consomma la ruine de la ville en tant que port marchand, et elle ne reçoit plus guère aujourd'hui que des embarcations de plaisance.

Car si Aigues-Mortes n'attire plus les navires, elle reste un pôle d'attraction pour les touristes, venus admirer le plus équilibré, le plus homogène et, n'ayant jamais été restauré, le plus authentique de tous les ouvrages militaires que nous a laissés le Moyen Âge.

Saint-Gilles, bâtie au flanc d'une colline de sable et de cailloux au pied de laquelle passe le canal, bien délaissé, du Rhône à Sète, n'est plus

▲ *Le triple portail de l'église de Saint-Gilles, une des plus belles réalisations de l'art roman.*

L'eau qui courait au sommet du pont du Gard, à plus de 40 m de hauteur,
▼ *était captée près d'Uzès.*

noires que forment les animaux, tantôt indécis, tantôt furieux, le col bas, les cornes rasant la terre, agacés par les garçons qui tournent autour d'eux, trébuchent, tombent, roulent sous leurs sabots et se relèvent pour les harceler encore.

Comme chaque année à la Pentecôte, la *feria* a commencé. Elle durera trois jours. C'est à cette époque que tout le passé glorieux de Nîmes ressuscite. On a l'impression que l'empereur va apparaître pour ouvrir les jeux du cirque de l'après-midi. Aux Arènes, le sang coule sur le sable d'or, les cris des bêtes se mêlent à ceux de la foule et, dans l'air du soir chargé de la poussière du jour, le soleil rougeoie pour éclairer la mise à mort. Les vieilles pierres reprennent soudain vie. Ces aïeux de tout à l'heure, animés d'une nouvelle jeunesse, dansent et rient avec le peuple et se mêlent aux jeux des taureaux et des hommes, que deux mille années n'ont pas désunis. Voici revenu le temps où Nîmes rayonnait sur toute la Narbonnaise par sa grandeur et sa beauté; le temps où on lui créa sept collines, alors qu'elle n'en possédait que trois, afin qu'elle ressemblât davantage encore à Rome, cette Rome à laquelle elle se compare aujourd'hui par la richesse et le remarquable état de conservation de ses monuments.

À la mémoire de...

Située à la croisée des chemins, Nîmes a toujours été une plaque tournante, un centre de négoce et de marché, et ses divers musées regroupent les vestiges des civilisations qui, au cours des siècles, y laissèrent leurs traces. Le musée archéologique abrite des céramiques phocéennes, ioniennes, campaniennes, étrusques et gauloises, ainsi que des meubles funéraires et des chapiteaux votifs, des verreries et des mosaïques romaines, et jusqu'à des sarcophages chrétiens, transition entre l'Antiquité et le début du Moyen Âge. La stèle qui représente une femme assise derrière un comptoir, tenant une couronne de fleurs à la main, avec l'inscription *Non vendo nisi amantibus coronas* («Je ne vends mes couronnes qu'aux amoureux»), laisse déjà présager les cours d'amour languedociennes.

De musée en musée, la vie de la ville acquiert une profondeur insoupçonnée. Que ce soit par les mosaïques du musée des Antiques ou par celle du musée des Beaux-Arts, représentant le *Mariage d'Admète,* que ce soit par les insolites castors du Rhône et les collections ethnographiques du musée d'Histoire naturelle ou par les objets usuels, tout imprégnés de vie quotidienne, exposés dans les salles du musée du Vieux-Nîmes — installé dans l'ancien palais épiscopal, l'un des plus beaux édifices du XVIIIe siècle —, ces «temples de la culture» révèlent la richesse originale d'une civilisation qui n'a cessé d'évoluer malgré les revers de l'histoire, les exodes que l'ombre d'elle-même. Autrefois port actif sur le Petit Rhône et siège d'une grande abbaye bénédictine, elle compta plus de 30 000 habitants. Mais le Petit Rhône s'est ensablé, les luttes religieuses ont détruit son église, la Révolution a rasé son abbaye, et elle a maintenant moins de 10 000 âmes.

Fondée au VIIIᵉ siècle par saint Gilles, un ermite venu de Grèce, grand faiseur de miracles, l'abbaye connut son apogée au XIIᵉ siècle. Privée de subsides par l'hérésie cathare, elle fut ravagée par les protestants au XVIᵉ et au XVIIᵉ siècle. De l'ancienne abbatiale, il reste quelques vestiges, dont les plus beaux sont les trois magnifiques portails en plein cintre de la façade, chefs-d'œuvre de l'art roman. Ornés de colonnes d'inspiration antique, ils sont enrichis d'une profusion de sculptures qui retracent la vie du Christ avec une verve et un réalisme extraordinaires. L'escalier intérieur de la tour nord, connu sous le nom de « vis de Saint-Gilles », est également roman, et sa construction est si parfaite que, durant des siècles, tous les tailleurs de pierre vinrent s'en inspirer au cours de leur « tour de France ». Enfin, l'énorme crypte, dont les voûtes d'ogives sont parmi les plus anciennes de France, renferme le tombeau de saint Gilles.

Le seul autre édifice intéressant de la ville est une maison romane, dans laquelle la tradition locale voit la maison natale du pape Clément IV. Elle abrite aujourd'hui un petit musée lapidaire.

Des autres monuments du temps de la prospérité, notamment du château des comtes de Toulouse, il ne reste rien. ■

▲ *Joutes nautiques sur le canal, une des attractions vedettes de la* feria *de Nîmes.*

Clocher rond unique en France, la tour Fenestrelle, seul vestige de l'ancienne
▼ *cathédrale romane d'Uzès.*

causés par les guerres de Religion et les difficultés économiques.

Choisie par les Romains entre toutes les villes de la Narbonnaise, dotée, il y a vingt siècles, des somptueux édifices qui en font aujourd'hui une « Rome française », située au centre du Midi méditerranéen, nœud ferroviaire important dans le marché des vins et de la viande, foyer de la Compagnie du Bas-Rhône-Languedoc et placée au cœur du Grand-Delta (superprovince en projet, réunissant Lyon, Marseille et Montpellier), subissant les influences méditerranéennes, provençales, languedociennes et cévenoles, Nîmes est aussi l'un des grands centres du tourisme qui transforme si vite le Midi.

Un paysage à la mémoire tenace

On ne peut pas comprendre Nîmes sans connaître la garrigue, qui est comme sa seconde nature. Il suffit de monter sur la tour Magne pour la découvrir, à la porte des quartiers nord de la ville, au ras des boulevards périphériques et des immeubles cubiques des faubourgs modernes. Omniprésente, noire et blanche, mollement ondulée, austère et riche de mille riens, de bouquets de chênes kermès, d'arbousiers, de lavande, de thym et d'herbes folles, elle donne le ton aux villes et à la population de la région. Plus que tout autre vestige du passé, elle est restée, par sa constante résurrection, semblable à elle-même depuis des temps immémoriaux.

L'homme, jusqu'à présent, n'a pas réussi à la défigurer. L'irrégularité des cours d'eau, la dureté du sol et la sécheresse du climat lui ont toujours opposé une résistance farouche. Rares sont les zones de défrichement, encore plus rares les travaux d'irrigation qui, en modifiant le paysage, font oublier le passé. Le sol de la garrigue porte encore les empreintes de tous ceux qui l'ont foulé, et ses arbustes épineux poussent entre les dalles des voies impériales. Dans le grand silence environnant, il suffit d'une pierre taillée pour se retrouver, dans le même décor, il y a plus de deux mille ans, transformé en Ligure, en Volque Arécomique, en marchand grec ou en légionnaire romain. Seuls les hommes ne sont plus les mêmes; le paysage demeure une étendue sobre « faite pour l'homme [...], une solitude où brûle l'esprit, un espace dévasté par le feu de l'espérance [...], un coin de terre sur l'éternité » (André Chamson).

Si certains paysages des Garrigues sont spectaculaires, comme les gorges du Gardon où la rivière capricieuse serpente — quand elle a de l'eau — entre des murailles à pic de 200 m de hauteur, percées de nombreuses grottes préhistoriques, ou comme le puech Icard d'où l'on découvre, auprès du petit oratoire de Saint-Gervasy, un panorama grandiose jusqu'au Ventoux, les *mazets*, modestes bastides qui émaillent les croupes arrondies, entre un muret de pierres sèches

Uzès, premier duché de France

À quelques kilomètres du pont du Gard, la petite ville d'Uzès — « assez petite pour que des deux bras on puisse l'embrasser » (Charles Gide) — dresse ses tours médiévales au sommet d'un éperon rocheux dominant le moutonnement austère des Garrigues. Créée par les Romains, siège (jusqu'à la Révolution) d'un épiscopat longtemps investi de solides pouvoirs temporels, fief durant deux siècles des comtes de Toulouse, Uzès devint le premier duché de France en 1565, lorsque Charles IX, devant les progrès du protestantisme dans la région, décida de s'attacher son seigneur, Antoine de Crussol, en le comblant d'honneurs. Cela n'empêcha pas la ville d'être durement éprouvée par les guerres de Religion, ni de souffrir pendant des siècles de la rivalité entre catholiques royalistes et huguenots républicains. Aujourd'hui, Uzès n'est plus ni duché ni évêché, elle n'est même plus sous-préfecture (depuis 1926), et elle somnole doucement dans la fraîcheur de ses arcades, de ses rues étroites et de ses promenades ombragées, cernée de tous côtés par la garrigue, qui brasille de chaleur et de lumière.

Symbole des trois pouvoirs qui régnaient sur Uzès au Moyen Âge, trois tours carrées se dressent encore au-dessus des toits de tuile rose de la vieille ville, au centre de l'enceinte dont les anciens remparts ont cédé la place à de larges boulevards. La *tour du Roi,* la plus modeste, est le seul vestige du palais royal édifié au XIVᵉ siècle. La *tour de l'Évêque,* ou *tour de l'Horloge,* plus âgée de deux cents ans, est surmontée d'un petit campanile. Austère, rébarbative, elle servait autrefois de prison à la police du prélat. La troisième tour, tout aussi rébarbative et encore plus haute (43 m), date du XIᵉ siècle. Appelée *tour Bermonde,* elle fut la forteresse des Bermond, anciens seigneurs d'Uzès, et se trouve maintenant incorporée au *Duché,* le palais que les nouveaux ducs d'Uzès firent construire au XVIᵉ siècle dans le style Renaissance. La magnifique façade du château, attribuée à Philibert Delorme, réunit harmonieusement les trois ordres : dorique, ionique et corinthien.

La plus belle tour d'Uzès n'est pourtant pas l'un de ces imposants donjons. C'est un merveilleux campanile roman, un charmant clocher cylindrique, ajouré de tant d'ouvertures qu'on l'appelle *tour Fenestrelle.* Ce joyau du XIIᵉ siècle est tout ce qui reste de l'ancienne cathédrale Saint-Théodorit, détruite en 1563 par les protestants. Le nouveau sanctuaire, édifié au XVIIᵉ siècle, remanié au XIXᵉ, abrite de belles orgues anciennes qui, durant le carême, se dissimulent derrière d'amusants volets de bois peint. Derrière l'église et l'ancien palais épiscopal qui lui est contigu, la *promenade des Marronniers* et les *allées Jean-Racine* dominent le parc du Duché, les Garrigues et le vallon de l'Alzon où jaillit la source qui alimentait Nîmes en eau potable. Devant ce magnifique panorama, le *pavillon Racine,* un bastion des anciens remparts, est réputé pour avoir été le lieu de travail favori du grand dramaturge, qui passa deux ans de sa vie à Uzès — pour y →

Les trois tours médiévales d'Uzès appartenaient aux maîtres de la ville, le duc, l'évêque et le roi
▼ *(de gauche à droite).*

et un cyprès centenaire, sont aussi discrets que les rochers qui parsèment la végétation rabougrie. Ils choisissent les combes de terre rouge, la lisière des bois ou les points d'eau. Ils sont de six mille à huit mille, éparpillés dans les buissons de genêt, tournant le dos au vent du nord, pétrifiés dans la lumière intense du soleil. Souvent, ils se parent d'une vigne vierge qui paraît aussi frivole qu'un bijou au cou d'une paysanne. La tombe d'un ancêtre, victime d'une dragonnade, garde le petit jardinet. Par un escalier extérieur, on accède à une terrasse à auvent. Les Nîmois y venaient, le dimanche, jouer aux boules et manger de la brandade de morue et des escargots à la bourbouillade, arrosés d'un petit vin de Langlade. Les spécialités gastronomiques nîmoises n'ont pas changé, mais le mazet est devenu progressivement villégiature estivale. Restauré, il a perdu un peu du charme simple et désuet qui faisait de lui non un luxe, mais une extension de la vie des citadins, même les plus modestes, conférant au rythme de la ville une certaine nonchalance de bon aloi.

perdre, espérait-on, le goût du théâtre.

En flânant dans les ruelles sinueuses et sur les places éclaboussées de lumière, on découvre à chaque pas les souvenirs nostalgiques d'une époque révolue. Les vieilles demeures délabrées — dont certaines, comme l'hôtel Dampmartin, remontent au Moyen Âge —, les vastes arcades de la place aux Herbes (aujourd'hui place de la République), les lourds portails ouvragés, rehaussés de ferrures, ouvrant sur des cours intérieures enrichies de sculptures et de balustres, témoignent d'une vie active et plus fastueuse, d'un temps où une aristocratie et une bourgeoisie aisées, très attachées à leur ville et à leurs traditions, avaient à cœur de créer un décor où il faisait bon vivre. ■

La Compagnie nationale du Bas-Rhône-Languedoc

Ce « Baronne », comme on l'appelle dans le pays, est très discuté, car l'ampleur du projet dépasse de beaucoup les ambitions locales. Il ne s'agit plus d'apporter de l'eau à une ville ou de créer une voie navigable, mais de transformer entièrement une région. Déjà le paysage change. Là où vignes et cailloux s'étendaient à perte de vue, des vergers poussent, des villes naissent. Sur la côte, de nouvelles stations touristiques apparaissent. La station de pompage de Pichegu, près de Saint-Gilles, n'a peut-être pas la majesté du pont du Gard, mais l'eau du Rhône qu'elle fait ruisseler à travers la plaine du Languedoc aura des effets plus spectaculaires que celle de l'aqueduc romain. ■

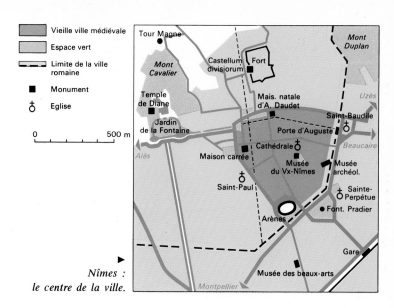

Nîmes :
le centre de la ville.

La légende des siècles

À l'écart des légions de touristes qui sillonnent les routes en voiture et en autocar, loin des Z.U.P. et des usines, des signalisations routières et des publicités lumineuses, invisible bien que proche de la route nationale et de l'autoroute, accessible et pourtant solitaire, dans un décor immuable depuis la pose de ses premières pierres, se dresse le *pont du Gard*. Majestueux, intouchable, il domine le monde! En parfaite harmonie avec la garrigue et la rivière qu'il enjambe, sa masse imposante écrase tout le reste, et les foules qui le parcourent paraissent aussi insignifiantes que des fourmis sur un mur. Sa seule présence impose le silence, sa seule existence égale tous les prodiges romains. Il est non seulement le plus bel élément de l'aqueduc qui, entre Uzès et Nîmes, transportait l'eau précieuse, mais il fait, à lui seul, ressurgir du passé toute la civilisation romaine.

C'est vers l'an 19 av. J.-C. qu'Agrippa décida de construire un aqueduc de 50 km de longueur pour acheminer — par un chemin détourné imposé par le relief — les eaux de la fontaine d'Eure, près d'Uzès, jusqu'à Nîmes. Vingt mille mètres cubes d'eau par jour, soit 700 litres par habitant, seraient ainsi déversés dans le *Castellum divisiorum*. Pour franchir le cours encaissé du Gardon (ou Gard) sans modifier la pente de l'aqueduc (moins de 3 p. 100), il fallut faire passer le canal à 50 m au-dessus du lit de la rivière, par une triple rangée d'arcades superposées, d'une portée de 275 m, faite de blocs de calcaire assemblés sans ciment : c'est le « pont du Gard ».

Six arcades au premier étage, onze au second, trente-cinq au troisième supportent le canal couvert de grandes dalles plates. Il est maintenant asséché, et ses parois sont encroûtées d'une épaisse couche de sédiments. Coupé une première fois par les Vandales au Vᵉ siècle, puis à chaque nouveau siège de Nîmes, l'aqueduc cessa définitivement de fonctionner vers le IXᵉ siècle, et l'ouvrage d'art qui franchit le Gardon ne fut plus, comme l'indique son nom, qu'un « pont ». Le retrait prévu par les constructeurs au niveau du premier étage permettait le passage des piétons et des cavaliers, mais, au XVIᵉ siècle, afin de le rendre accessible à tous les véhicules, on échancra largement la base de la seconde rangée d'arcades, ce qui compromettait gravement la solidité de l'ensemble. Restauré par les « compagnons du tour de France », le monument fut doublé, en 1743, d'un pont routier qu'emprunte toujours la route de Nîmes à Uzès.

Jamais, peut-être, le génie humain n'a été mis à contribution, pour un ouvrage purement utilitaire, avec un tel souci d'esthétique. Ce souci devait pourtant, dans l'esprit des bâtisseurs, rester purement gratuit. Ils ne pouvaient pas espérer impressionner les foules dans ce désert, loin de toute agglomération importante, alors que la magnificence des autres monuments romains, habituellement offerts à la ville

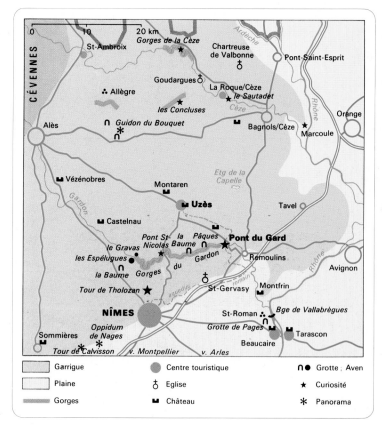

par son gouverneur ou par des tribuns enrichis par le négoce (ou par d'autres activités, tel le médecin qui fit bâtir à ses frais les remparts de Marseille), avait souvent pour but d'en imposer à la plèbe.

Ici, pas de fioritures. La seule « décoration » est constituée par les pierres en saillie qui servirent d'appui aux échafaudages. Et pourtant, par sa puissance, par l'harmonie de ses proportions, par l'élégance de son architecture fonctionnelle, par la beauté du cadre dans lequel il est édifié, le pont du Gard est un des plus beaux monuments de tous les temps. En se plaçant à quelques centaines de mètres en amont, à l'heure où le soleil couchant enflamme les vieilles pierres dorées, l'aqueduc apparaît tel que le peintre Hubert Robert l'a immortalisé, et on ne peut s'empêcher d'admirer le génie créateur de la civilisation qui édifia de telles œuvres.

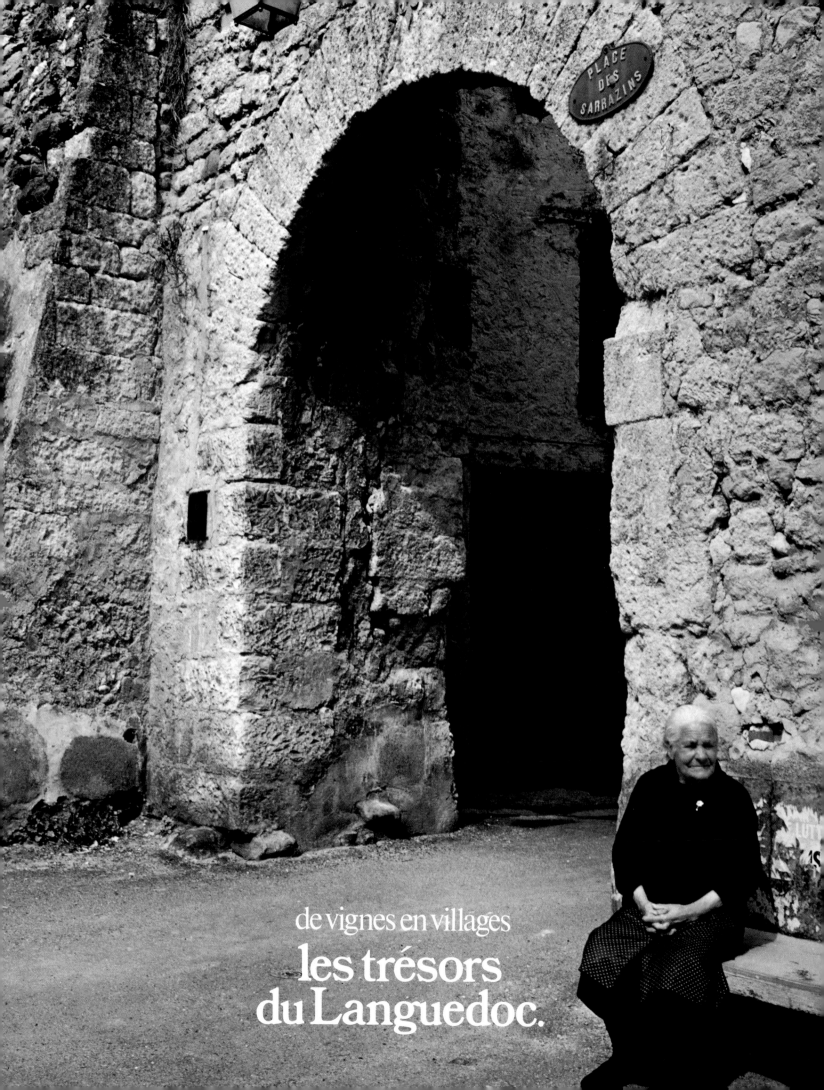

de vignes en villages
les trésors
du Languedoc.

*Entre le grand balcon des Causses
et la vaste plaine qui borde la Méditerranée,
dans le paysage tourmenté des garrigues du Languedoc,
les pentes rocailleuses et ensoleillées sont,
depuis vingt siècles, le domaine de la vigne.*

◀ *Gignac : une place commémore
la défaite des Sarrasins
qui attaquèrent la ville au VIIIᵉ siècle.*

◀ *Les ceps s'avancent jusqu'au bord
du canyon de la Cesse,
qui entaille à la verticale
les causses du Minervois.*

*Semblables aux ruines d'une citadelle,
les énormes blocs de pierre*
▼ *du cirque de Mourèze.*

Ruelles tortueuses, passages voûtés,
vieilles maisons blotties autour d'une église
souvent appelée à faire office de donjon,
les pittoresques villages du Languedoc ont peu changé.

4. Villages, vignes du Languedoc

▲ Près de Montpellier,
Vic-la-Gardiole se serre
autour d'une église romane
aux allures de forteresse.

◀ Une des deux rues étroites
le long desquelles
s'échelonnent les maisons
de Saint-Guilhem-le-Désert.

La vigne prospéra si bien sous le ciel du Languedoc
qu'elle descendit des collines,
déferla sur la plaine et,
chassant des vallées prairies, céréales et oliviers,
supplanta toute autre forme de culture.

6. Villages, vignes du Languedoc

▲ *Cernées par la marée des vignes
dans un vallon isolé des Corbières,
les ruines encore imposantes du Castellas.*

◄◄ *Sucré, parfumé, gorgé de soleil,
le raisin du Languedoc.*

◄ *Le soir, à la fraîche,
le retour au village.*

Villages, vignes du Languedoc. 7

Double page suivante :
*Dans un site sauvage et tourmenté,
une ancienne forteresse cathare :
Minerve, capitale du Minervois.*

*Tout au long de l'année,
un petit peuple de fidèles
soigne avec dévotion
les pampres
qu'il dépouillera à l'automne,
lors de la grande fête
païenne des vendanges.*

*Entouré de vignobles réputés, ▶
Azillanet, un village du Minervois.*

*Chacun participe,
selon ses forces,
▼ à la tâche commune.*

▲ *Près de Saint-Guilhem-le-Désert,*
un des villages typiques
de la garrigue languedocienne :
Saint-Saturnin.

Du Rhône aux Corbières, la
plaine du bas Languedoc, serrée entre la côte, qui fut longtemps le
domaine des étangs et des moustiques, et les garrigues qui frangent le
Massif central, est une voie de passage. Les Romains l'ouvrirent à
leur civilisation en construisant la *via Domitia* et y introduisirent la
culture de la vigne. Celle-ci connut un tel succès que, dès le Iᵉʳ siècle
de notre ère, Rome était submergée par les vins de la Narbonnaise.
Puis déferlèrent les Wisigoths, les Sarrasins, les Francs. Ce sont les
moines industrieux du Moyen Âge qui reconstituèrent le vignoble.
L'amélioration des moyens de transport — le canal du Midi d'abord,
le chemin de fer ensuite — lui donna un prodigieux essor. Les ceps
descendirent des coteaux, envahirent la plaine, supplantèrent toute
autre forme de culture. Après les crises du phylloxéra, la surproduc-
tion fit son apparition et, dès le début du XXᵉ siècle, provoqua des
troubles graves.

De la fontaine de « gros rouge » aux vins de qualité

Lorsqu'on parcourt aujourd'hui l'océan de vignes qui, des collines
du Gard aux premiers contreforts pyrénéens, enchâsse d'un immense
arc de cercle les eaux bleues de la Méditerranée, on comprend que la
France dispose d'un stock de vin susceptible de poser des problèmes,
et l'on se demande si ce paysage n'est pas appelé à se transformer.
Verrons-nous le camaïeu de verts de cette palette rongé par les ocres
et les gris d'une nature redevenue sauvage? Ou les parades de vergers
bien alignés se substitueront-elles aux ceps bas et tordus? Sont-ils
condamnés, ces petits villages charmants, perdus au milieu du
vignoble dont ils tirent leur subsistance, avec leurs maisons aux tuiles
rondes, aux murs gorgés de soleil, blotties autour des bâtiments
proprets de la coopérative comme d'autres le sont autour d'une
abbatiale?

Dans la plaine languedocienne, le cœur du village n'est pas l'église
mais la coopérative, qui, en assurant la vinification et la vente du vin,
permet aux petits propriétaires de subsister. Derrière ses murs blancs
coule le sang du pays. Certes, l'aspect de ces bâtisses diffère.
Certaines, telle celle de Murviel-lès-Montpellier, sont enjolivées de
bas-reliefs symboliques. D'autres, comme celle de Bellegarde, sont
plus fonctionnelles. Toutes, en tout cas, surprennent le visiteur, qui
y découvre un étrange sanctuaire où s'alignent tuyaux, cornues,
foudres, cuves et pressoirs, et dans lequel officient des prêtres vêtus
de blanc. L'une des plus surprenantes de ces caves-coopératives est
celle de Causses-et-Veyran, au pied des monts de l'Espinouse, dont
l'architecture inattendue s'harmonise pourtant avec le relief tourmenté du cadre. Elle fut construite par les habitants du village,

hommes et femmes, qui, pendant des années, se privèrent de loisirs
pour élever de leurs mains ce temple à leur dieu.

Mais le Languedoc n'est pas seulement une intarissable fontaine de
« gros rouge », accolée à une immense plage de sable blond,
mouchetée de parasols multicolores et baignée par une mer immuablement bleue, pailletée de voiles blanches. Pour s'en convaincre, il
suffit, délaissant les complexes touristiques et leurs échafaudages de
béton, de quitter un instant le ruban gris de l'autoroute. En pénétrant
dans l'arrière-pays, on découvre que ce monde trop beau, trop neuf,
trop moderne en cache un autre plus ancien, plus parfumé, plus
traditionnel.

Au détour des collines odorantes, des villages au nom savoureux
abritent derrière leurs vieilles pierres un petit peuple de vignerons aux
traditions séculaires, produisant avec amour des vins de qualité.
Ceux-là ne sont touchés ni par la crise ni par la concurrence. L'odeur
de soufre et de moisissure qui est celle de l'alchimie vineuse n'a pas
fini de se mêler aux parfums de la lavande et du romarin, et fitou,
blanquette, clairette, muscat et autres corbières continueront longtemps encore à faire apprécier le bouquet ensoleillé des vins du
Languedoc, l'une des premières régions françaises pour les vins de
qualité.

Au seuil de l'Hérault, le muscat de Lunel

Si le département du Gard s'intègre géographiquement au Languedoc, une partie de ses vins, les robustes *costières,* corsés et
bien charpentés, sont rattachés, sur le plan vinicole, au groupe des
côtes-du-rhône. D'ailleurs, le décor dans lequel ils s'élaborent est
encore très provençal. Mais, vers les limites du département de
l'Hérault, on change de domaine. Aux plaines de gravier succède un
paysage plus nuancé. Ce n'est plus la Provence, à peine le
Languedoc; on ne peut pas dire que ce soient les Cévennes, encore
moins la Camargue. L'Hérault tire la langue à l'Aveyron, domine le
Gard, pousse une pointe vers les Bouches-du-Rhône, tourne le dos au
Tarn et va se baigner les pieds dans la Méditerranée, qui lui offre la
plus longue plage de France. Ses vins lui ressemblent : ils sont divers,
beaux, parfumés, puissants, doux et colorés. Certes, l'Hérault est,
avec l'Aude, le plus gros producteur français de vins de consomma-
tion courante; mais il n'en produit pas moins des vins de haute tenue,
appellation d'origine contrôlée (A. O. C.) et vins délimités de qualité
supérieure (V. D. Q. S.), ainsi que des « vins de pays » d'excellente
réputation.

En venant de l'est, le premier joyau de cette production se présente
à *Lunel,* une vieille ville médiévale dont les ruelles étroites sont

L'oppidum d'Enserune

Non loin de Béziers, la petite ville de *Nissan-lez-Enserune* — dont l'église de style gothique méridional et les nombreux objets d'art sacré qu'elle contient méritent une visite — doit son nom à la colline voisine, qui domine d'une centaine de mètres la plaine où moutonnent les vignes. Du sommet, on découvre un immense panorama circulaire allant des Pyrénées à la Camargue et des lointaines Cévennes à la mer toute proche. Au pied de la colline, les vignobles dessinent une gigantesque roue : c'est l'ancien étang de Montady, asséché au XIIIᵉ siècle par des drains rayonnants, se déversant dans un puisard central; de là, un canal souterrain, long de plus de 1 km, conduisait les eaux à un autre étang, celui du Capestang, qui communiquait avec la mer.

Le sommet de cette butte était une position privilégiée, et nos ancêtres l'occupèrent depuis les temps les plus reculés. Des fouilles très poussées ont permis de retracer l'histoire de l'oppidum d'Enserune depuis le VIᵉ siècle av. J.-C. jusqu'au Iᵉʳ siècle de notre ère, où il fut abandonné. Au début, il semble qu'il ait surtout servi à stocker des vivres, entassés dans des cavités creusées en plein roc : c'est la « période des silos ». Si l'on y habitait, c'était dans des huttes de torchis qui n'ont pas laissé de traces. Vers l'an 500 av. J.-C., l'influence grecque commença à se faire sentir. On construisit des maisons de pierre et on entoura la ville de remparts. Deux cents ans plus tard arrivèrent les Gaulois, qui agrandirent la cité. Pour cela, il fallut démolir une partie

▲ *Les silos creusés dans le roc de l'oppidum d'Ensérune, l'un des sites préromains, les plus riches de France.*

Vestige d'une puissante abbaye, l'église romane de Saint-Guilhem-le-Désert
▼ *et son imposante abside.*

coupées de nombreux passages voûtés. Son muscat fut le vin préféré du roi de Prusse Frédéric le Grand, de Michelet et même de Karl Marx, qui séjourna dans le pays. Issu, comme le frontignan, du raisin muscat doré, c'est un vin doux naturel fort ancien, délicat et élégant, qui évoque la chaleur et la beauté des collines rocailleuses sur lesquelles le soleil le distille.

Face à ces collines, les coteaux de *Saint-Christol,* au-delà de l'autoroute qui conduit à Montpellier, lui donnent la réplique avec un rouge fin et parfumé, que l'on dit « bourgeois », ou encore « de nuit », comme celui de *Saint-Drézery* — autre fief des moines augustiniens — que les chasseurs, au soir d'une dure journée, apprécient particulièrement.

Les extraordinaires villages de la garrigue

Vers Montpellier, la plaine languedocienne se resserre, étranglée par la garrigue qui s'avance en proue vers la mer. En remontant vers le nord, on aperçoit vite ses arides reliefs calcaires, creusés de cuvettes verdoyantes comme celle où se niche *Les Matelles,* un village surgi tout droit du Moyen Âge, avec ses remparts, ses tours de guet, ses ruelles tortueuses, ses passages ouverts et ses maisons étroites, et où l'on a fait des trouvailles préhistoriques (musée). Encore plus au nord, le *pic Saint-Loup* dresse au-dessus du causse vert et ocre l'étonnant profil cassé de son rocher, d'où l'on découvre aussi bien les Cévennes que la Méditerranée, le Canigou que le mont Ventoux.

▲ *Devant les coteaux du Salagou*
où mûrit un cru réputé,
une pyramide de basalte :
le rocher de Gibret.

de l'enceinte. Les habitations gagnèrent les pentes de la colline, et les nouvelles fortifications descendirent jusque dans la plaine. L'agglomération mesurait alors quelque 750 m de long sur 300 de large, et elle pouvait abriter près de 10 000 habitants. Puis — à la suite de quelles vicissitudes? — l'oppidum fut détruit, abandonné. Lorsqu'ils s'établirent à Narbonne, en 118 av. J.-C., les Romains occupèrent de nouveau la place et l'aménagèrent avec la technicité qu'on leur connaît : rues pavées, égouts, citernes, etc. Ils y restèrent moins de 200 ans, puis l'oppidum retomba dans le silence, et les pins recouvrirent les vestiges superposés de toutes les civilisations qui s'y étaient succédé.

Les fouilles, entreprises après la Première Guerre mondiale, ont mis

Fraîches rues en escalier, façades patinées, vieille tour et placette ombragée, *Saint-Martin-de-Londres* a conservé l'enclos de son ancien prieuré, enfermant une belle église romane en forme de trèfle, sobrement décorée d'arcatures en plein cintre. Tout près de là, accessible seulement aux bons marcheurs, et uniquement par temps sec, le profond *ravin des Arcs* creuse dans le calcaire une entaille sinueuse de 200 m de profondeur, longue de 11 km. Le Lamalou, un torrent à éclipses, vient y caracoler après chaque orage, sculptant les rochers, dressant des barrages, emplissant des gours insondables et forant des arcades, dont la plus spectaculaire est le *Grand Arc,* jeté comme un pont au-dessus du Grand Gour.

À l'ouest, c'est l'Hérault qui coule entre de grands escarpements, parmi les rochers et les marmites. Falaises multicolores, bouquets verts des chênes kermès : les gorges se resserrent jusqu'à devenir un étroit défilé, presque aussi sauvage que le canyon de son affluent, le Verdus, au confluent duquel le pittoresque village de *Saint-Guilhem-le-Désert* se plaque contre le rocher, sur une étroite corniche.

Lieutenant de Charlemagne, le vaillant Guilhem, comte de Toulouse et duc d'Aquitaine, se retira du monde après s'être couvert de gloire et fonda une abbaye dans un site farouche, sur la rive du Verdus, au pied d'une muraille de roc. On dit qu'au sommet de cette muraille vivait dans un nid d'aigle un Sarrasin géant qui terrorisait la contrée. Guilhem le tua en combat singulier et, après ce dernier fait d'arme, put se consacrer à la méditation. L'empereur à la barbe fleurie lui ayant fait don d'une inappréciable relique, un morceau de la Vraie Croix rapporté de Jérusalem, son abbaye acquit une grande notoriété et devint un lieu de pèlerinages. Il y mourut en 812 et fut enterré dans l'église abbatiale. Par la suite il fut canonisé, et le village qui s'était formé autour du couvent abritant sa dépouille prit le nom de Saint-Guilhem-le-Désert.

De l'abbaye, il ne reste que l'église. Encore n'est-ce pas celle que connut Guilhem. Construite en plusieurs fois au cours du XIe siècle, elle permet de se rendre compte de l'évolution du style roman. Son énorme abside ronde, épaulée de contreforts et couronnée de dix-huit niches, est particulièrement remarquable. Le porche — que l'on appelle ici *gimel* — est plus jeune d'un siècle, et le clocher carré fut ajouté à la fin du Moyen Âge. Un cloître bordait autrefois l'église, mais les Américains en ont acheté la plupart des colonnes et des statues et l'ont remonté à New York. À l'intérieur de l'église, d'une émouvante sobriété, on remarque un autel de marbre blanc incrusté de verreries de couleur, des sarcophages anciens et de belles statues romanes.

Depuis les temps lointains où les pèlerins en route vers Saint-Jacques-de-Compostelle s'arrêtaient à l'abbaye pour y adorer le fragment de la Vraie Croix, Saint-Guilhem voit se dérouler chaque année, le soir du vendredi saint, une curieuse procession dont tous les participants portent une minuscule lampe à huile faite d'une coquille d'escargot.

Aux alentours du village, deux curiosités naturelles méritent une visite : sur le Verdus, le *cirque de l'Infernet,* un imposant amphithéâtre de falaises aux parois verticales; au débouché des gorges de l'Hérault, près du vieux *pont du Diable* construit par les moines de Saint-Guilhem, la splendide *grotte de Clamouse,* découverte en 1945, véritable palais souterrain, décoré d'un échantillonnage complet de tout ce que les concrétions peuvent produire de plus beau et de plus rare.

Au royaume de la clairette

Au sud-ouest de Saint-Guilhem-le-Désert, après avoir passé l'Hérault sur le *pont de Gignac,* un des plus beaux ouvrages d'art qu'ait édifié le XVIIIe siècle, on pénètre dans le domaine de la *clairette du Languedoc.* Construit à l'orée de la plaine, à flanc de coteau, au pied des ruines de son château féodal, *Clermont-l'Hérault,* centre viticole important, est aussi un carrefour touristique. On visite ses ruelles escarpées et son ancienne cathédrale Saint-Paul, gothique et fortifiée; on pratique tous les sports nautiques sur les 900 hectares du lac de barrage du Salagou; on va admirer l'extraordinaire *cirque de Mourèze,* auquel un chaos de roches aux formes tourmentées donne l'aspect d'une ville en ruine, envahie par la végétation et peuplée de monstres pétrifiés. Clermont-l'Hérault est la véritable capitale du vin blanc languedocien, dont les vignobles crépus déferlent par vagues jusque sous les murs de Pézenas. Sur ce vaste territoire tourmenté, brûlé par le soleil, le cépage clairette produit chaque année un grand vin blanc à l'appellation d'origine contrôlée (A. O. C.), de couleur presque dorée, sec et corsé, avec un soupçon d'amertume agréable. Ce vin fut longtemps la base des vermouths français. Madérisé, il prend le goût de rancio avec l'âge et peut titrer jusqu'à 15° d'alcool.

Entre Clermont-l'Hérault et la mer, dans la plaine fertile, *Pézenas,* « Versailles du Languedoc », autrefois siège des États généraux de la province et résidence de ses gouverneurs, a su conserver intact le charme de ses vieux quartiers, où les échopes se mêlent aux hôtels particuliers du Grand Siècle pour composer un ensemble unique. On serait bien en peine d'énumérer les bâtiments anciens de la plus belle ville du Languedoc; du moins peut-on citer la maison des Consuls, flanquée d'un beffroi, qui abrite maintenant le tribunal de Commerce; l'hôtel de Lacoste, avec ses voûtes gothiques; l'hôtel d'Alfonce, avec ses loggias et son escalier à vis, où Molière vint jouer la comédie, et la maison du barbier Gély, où il habita; l'hôtel de Wicque et sa façade au jour, en plus d'éléments de construction, d'importantes collections d'armes, de monnaies, de bijoux et surtout de céramiques. Elles sont exposées dans le Musée national d'Enserune, établi sur l'emplacement même de l'oppidum, dans l'ancienne villa de celui qui fut le premier à explorer ses trésors : Félix Mouret. Dans une vitrine, attendrissant de fragilité, trône un œuf de poule, retrouvé intact dans une tombe où il avait été déposé il y a 25 siècles. ∎

Le Roussillon et les vins doux naturels

L'ancienne province du Roussillon occupe l'actuel territoire du département des Pyrénées-Orientales, mais aussi une partie de

▲ *De beaux balcons en fer forgé ornent la façade de l'hôtel Malibran. demeure aristocratique de Pézenas.*

celui de l'Aude, et la frontière entre Languedoc et Roussillon est si imprécise que les vins de ces deux terroirs sont généralement groupés sous l'appellation « Languedoc-Roussillon ». On trouve des corbières dans le Roussillon et d'authentiques rivesaltes dans l'Aude. Quant à la ville de Paziols, dernier village de l'Aude avant la montagne et jadis frontière entre les deux provinces, elle a résolu la question en ornant l'étiquette de son merveilleux côte-d'agly aussi bien de la croix du Languedoc que des barres sang et or du Roussillon.

Le prestige du banyuls est tel que l'on croit souvent que le Roussillon ne produit que des vins doux naturels. En fait, on y trouve des corbières supérieurs de très haute tenue, les côtes-du-roussillon. Ils proviennent de pittoresques villages

Dans la cour de l'hôtel de Montcalm, à Montpellier, la balustrade de pierre
▼ *d'un escalier Renaissance.*

Renaissance; l'hôtel Malibran et ses balcons de fer forgé; et, tranchant avec toutes ces nobles demeures, le sombre ghetto, inchangé depuis le XIVe siècle.

Au sud-est de la ville s'étend, vers l'étang de Thau, le domaine du *picpoul-de-pinet,* un vin blanc sec provenant presque exclusivement du cépage picpoul blanc. Sans acidité, plutôt généreux, il constitue, au dire des connaisseurs, l'accompagnement idéal pour les délicieuses huîtres de Bouzigues, qu'on élève tout près.

Montpellier, ville d'art et capitale régionale

Première agglomération importante sur la route des vins du Languedoc, Montpellier, préfecture de l'Hérault et capitale régionale, est une vieille cité, chargée de souvenirs, qui a su rester étonnamment jeune. Sans doute est-ce à cause de ses étudiants, puisque son université, déjà suffisamment célèbre au XVIe siècle pour que Rabelais vînt y terminer ses études médicales, est toujours prospère. Mais disséminés dans les collines escarpées que sillonnent les gorges de l'Agly et du Verdouble : *Vingrau* et son « pas de l'Escale », taillé dans le roc par les Romains; *Estagel*, où naquit le grand savant François Arago; *Cases-de-Pène*, toute blanche sur fond de verdure; *Tautavel* et sa vieille tour dressée à 511 m d'altitude...

Les vins doux naturels sont obtenus par la fermentation du raisin frais de grenache, de malvoisie et de muscat, avec un appoint d'alcool de 5 à 10 p. 100 en volume. Ils doivent titrer 14e et bénéficier d'une appellation d'origine contrôlée. Banyuls, côte-d'agly, rivesaltes, côtes-du-haut-roussillon et grand-roussillon sont rouges, rosés ou blancs; banyuls grand cru et maury sont uniquement rouges; le muscat de Rivesaltes est toujours blanc.

Comme ils peuvent être secs, demi-doux ou doux, cela finit par faire une gamme fort étendue.

Le banyuls est une grande vedette : c'est sans doute notre meilleur vin doux naturel. Il ne peut provenir que de la côte rocheuse, et quatre communes se partagent l'honneur de le mettre au monde : Banyuls, Cerbère, Port-Vendres et Collioure, cette dernière produisant également un grand vin rouge A.O.C. La vigne n'y est pas facile à cultiver : les pentes sont fort abruptes et le sol est dur et sec. Il existe deux appellations contrôlées : banyuls et banyuls grand cru. C'est un vin chaud, puissant, racé et élégant, dont le grand Curnonsky reconnaissait « la cambrure et la chaleur sarrasines ».

Maury, petite ville perchée au bord des Corbières, donne son nom

▲ *Montpellier : l'arc de triomphe élevé à la gloire de Louis XIV se dresse à l'entrée de la promenade du Peyrou.*

peut-être existe-t-il aussi « une vertu dans le soleil », comme disait Lamartine, qui empêche la pierre de vieillir. Si la vieille ville est un dédale de rues étroites, bordées de nobles demeures dont la façade parfois austère dissimule des cours intérieures joliment ornées et des escaliers à balustres, la ville moderne a de larges avenues et des jardins magnifiques. La vaste place de la Comédie, centre de l'activité citadine, doit à son terre-plein ovale d'être familièrement appelée « l'Œuf » par tous les Montpelliérains.

Ravagée par les guerres de Religion qui ensanglantèrent le Languedoc, Montpellier n'a pas de monuments très anciens, en dehors de la cathédrale Saint-Pierre, qui, bien que très restaurée, date pour l'essentiel du XIVe siècle. Son haut porche voûté, appuyé sur deux tourelles terminées en pointe, ne manque pas d'originalité.

L'ensemble monumental le plus intéressant de la ville est la remarquable promenade du Peyrou, réalisée à la fin du XVIIe et au début du XVIIIe siècle. Précédée d'un arc de triomphe enrichi de bas-reliefs, une grande terrasse, au centre de laquelle se dresse une statue équestre de Louis XIV, offre un vaste panorama sur le tapis de vignes qui se déroule depuis les garrigues jusqu'à la mer. À l'extrémité s'élève un charmant petit temple à colonnes corinthiennes. C'est en réalité un château d'eau, alimenté par un aqueduc de 880 m de long, haut de 22 m, dont les arcades superposées rappellent le pont du Gard — ce qui prouve que les constructions les plus utilitaires ne sont pas forcément disgracieuses. De larges escaliers descendent à une deuxième terrasse, ornée de bassins, où Paul Valéry aimait à rêver et où Verlaine, tout enfant, venait jouer.

Ville universitaire, Montpellier a un jardin des Plantes, où se côtoient plantes exotiques et essences méditerranéennes, et des musées : musée Atger, musée archéologique, musée anatomique et surtout musée Fabre, un des plus riches de France, qui abrite, au milieu d'une profusion de trésors, des œuvres exceptionnelles de Houdon, de Delacroix, de Greuze et de Courbet.

Aux alentours de la ville, les riches familles montpelliéraines ont construit, au XVIIIe siècle, de charmantes folies : *château d'O*, au parc peuplé de statues; *de l'Engarran*, dont les jardins à la française et la fontaine de rocaille s'abritent derrière une magnifique grille de fer forgé; *de Lavérune*, entouré d'arbres exotiques; *de la Mogère*, orné de gypseries et garni de meubles et de tableaux anciens; *d'Assas*, si précieux à côté des ruines d'une forteresse féodale.

Du côté du Gard, l'imposant *château de Castries* mérite une mention spéciale. Construit à la fin du XVIe siècle, incendié par les protestants, restauré au XVIIe siècle, c'est la plus belle réalisation que l'art classique ait édifiée en Languedoc. Pour alimenter les bassins de ses jardins à la française, un aqueduc de 7 km de long serpente dans la garrigue. Un peu plus loin, en remontant vers le nord-est, c'est enfin

le *château de Villevieille*, façade Renaissance et tours médiévales, qui, du haut de son éperon, surveille le pittoresque village fortifié de *Sommières*, son pont romain, sa porte de l'Horloge gothique, ses vieilles rues et ses maisons à arcades.

Plus près de Montpellier, vers l'est, le plateau de la Méjanelle est aussi appelé la « petite Costière », car il produit un magnifique vin rouge, puissant et généreux, le *coteau-de-la-méjanelle*, qui accompagne si joyeusement et fait si bien « descendre » les cagaroles (escargots) et le pélardon (fromage de chèvre). Un peu plus loin, vers le sud-ouest, sur les pentes ensoleillées de la montagne de la Gardiole, *Frontignan* se fait pardonner ses raffineries de pétrole grâce à un autre liquide plus savoureux, magnifié dans ses caves fraîches : le grand, le généreux, l'étonnant *muscat de Frontignan*, dont Voltaire, alors âgé de quatre-vingts ans, priait qu'on lui expédiât quelques bouteilles, destinées à « son extrême-onction » et, en attendant, « pour servir d'élixir de vie ».

Éternelles rivales, Béziers et Narbonne

Émergeant comme des îles de l'océan de vignes, deux villes jumelles, éternelles rivales, se partagent le négoce du « gros rouge » : Béziers et Narbonne, bastions de la contestation viticole et pôles du rugby, autre objet des préoccupations languedociennes.

Littéralement assiégée par une armée de ceps, comme elle le fut jadis par les hordes barbares et par les milices de Simon de Montfort, qui, en 1209, y firent un effroyable carnage, *Béziers* est une ville gaie et active, construite sur un plateau dominant l'Orb. Ses origines se perdent dans la nuit des temps. Les Romains s'y établirent et la fortifièrent. Elle fut évêché jusqu'à la Révolution et a conservé de nombreux souvenirs du passé.

À celui qui n'aurait pas le temps d'admirer ses églises romanes ni de visiter ses musées (notamment le très intéressant musée du Vieux-Biterrois, consacré à l'histoire du vin et à celle de la ville, depuis la préhistoire jusqu'aux manifestations de 1907, qui réunirent 150 000 viticulteurs exaspérés par la mévente, en passant par la création du *Dépit amoureux* de Molière), Béziers offre trois « attractions » à ne pas manquer.

D'abord l'ancienne cathédrale Saint-Nazaire, plantée à l'extrémité du plateau, au-dessus de l'Orb. Incendiée par Simon de Montfort, elle fut rebâtie pour résister à une nouvelle attaque, avec tours fortifiées, créneaux et mâchicoulis surplombant une belle rose de 10 m de diamètre. De sa terrasse, on découvre un magnifique panorama sur toute la région biterroise.

Le plateau des Poètes, ensuite, ravissant jardin public où, parmi les à un excellent vin doux naturel : elle a connu beaucoup d'invasions au cours des siècles sans que ses habitants se découragent jamais de cultiver leurs vignes, assurant ainsi la qualité de leur vin, fort apprécié par Louis XIV.

Les côtes-d'agly, recueillis sur le territoire de seize communes des Pyrénées-Orientales et de l'Aude, sont des vins doux naturels extrêmement capiteux, dont le parfum puissant rappelle celui des pierres chauffées par le soleil.

Rivesaltes a deux titres de gloire : le maréchal Joffre, qui y naquit en 1852, et son grand vin doux naturel, qui se prépare sur les terres rouges d'une douzaine de communes. Voltaire l'appréciait particulièrement, craignant même que « sa faible machine » ne fût pas « digne de cette liqueur ».

Enfin, le côtes-du-haut-roussillon voit le jour sur la terre sèche et pierreuse qui s'étend entre la Têt et le Tech, sur le territoire d'une quarantaine de communes situées au sud de Perpignan.

Les vins doux servent également à préparer des apéritifs, par addition de diverses substances végétales. À *Thuir,* au pied des premiers contreforts des Pyrénées, les caves et les immenses chais où s'élabore le Byrrh sont très intéressants à visiter. Tout près de là, l'extraordinaire village féodal de *Castelnou,* encore enfermé dans ses remparts du Moyen Âge, à l'ombre d'un puissant château, se dresse sur une butte boisée, dans l'un des paysages les plus caractéristiques du Roussillon, et l'église romane de *Camélas* est décorée de fresques datant du XIVᵉ siècle. ∎

▲ *Une « folie » égayée de bouquets d'arbres et d'un bassin : le château de la Mogère, aux environs de Montpellier.*

Au-dessus du Pont-Vieux et de l'église Saint-Jude, le palais de justice et l'église Saint-Nazaire
▼ *dominent Béziers.*

bustes de poètes — dont l'inévitable Victor Hugo —, on trouve le monument de Jean Moulin, héros de la Résistance, et la statue de Pierre Paul de Riquet, les deux plus illustres Biterrois. Riquet, le génial créateur du canal du Midi, a d'ailleurs donné son nom aux vastes allées ombragées qui sont au cœur de la ville. Son œuvre constitue la troisième attraction. Le canal traverse les faubourgs en acrobate, en sautant par-dessus l'Orb grâce à un curieux pont-canal, puis en escaladant la verte colline de Fonserannes par un monumental escalier d'eau, composé de neuf écluses successives, qui fait franchir aux péniches une dénivellation de 25 m.

▲ *Crénelés, flanqués de tourelles, les contreforts de l'ancienne cathédrale fortifiée de Narbonne.*

Les bons vins du Languedoc et du Roussillon

Vins délimités de qualité supérieure (V. D. Q. S.).

Hérault

	R	B	r
minervois	R	B	r
picpoul-de-pinet		B	
coteaux-de-la-méjanelle	R	B	
saint-saturnin	R		r
montpeyroux	R		r
coteaux-de-saint-christol	R		r
saint-drézery	R		
saint-chinian	R		
faugères	R	B	
cabrières			r
coteaux-de-vérargues	R		r
pic-saint-loup	R	B	r
saint-georges-d'orques	R		
coteaux-du-languedoc	R		r

Aude

	R	B	r
coteaux-du-languedoc	R		r
corbières	R	B	r
corbières supérieurs	R	B	r
quatourze	R	B	r
la clape	R	B	r

Pyrénées-Orientales

	R	B	r
côtes-du-roussillon	R	B	r
côtes-du-roussillon-village	R	B	r

Vins d'appellation d'origine contrôlée (A. O. C.).

Languedoc

blanquette de Limoux	B	
		mousseux
clairette de Bellegarde	B	
clairette du Languedoc	B	
fitou	R	
muscat de Frontignan, ou frontignan	B	

Au nord-ouest de la ville, les montagnettes des vallées de l'Orb et du Vernazobre font mûrir un vin fin, souple et d'une belle couleur grenat. On raconte volontiers dans le pays que le bouquet très particulier des côtes-de-l'orb est dû aux abeilles qui viennent déposer sur les graines de raisin le pollen des cistes, dont le pays abonde. Ces vins constituent les V. D. Q. S. des *coteaux-du-languedoc,* dont la vedette est le saint-chinian, un excellent vin rouge de couleur rubis, corsé et au bouquet délicat, produit dans un discret et ravissant village qui fut jadis le siège d'une abbaye réputée.

Si Béziers est la capitale vinicole de l'Hérault, *Narbonne* est celle de l'Aude. Construite au pied des derniers contreforts des Corbières, la ville est reliée à la mer par un canal. C'était déjà un centre important lorsque les Romains s'y installèrent et en firent la métropole de leur première colonie gauloise, la Narbonnaise. Longuement occupée par les Sarrasins, puis fief des comtes de Toulouse, elle fut peu touchée par l'hérésie cathare et n'eut pas à souffrir de la répression. On peut partir à la recherche de son passé au hasard de ses vieilles pierres, le long de ses larges boulevards balayés par le terrible vent de la montagne — le cers — ou par la brise venue de la mer toute proche.

Le monument le plus marquant de la ville est l'ancienne cathédrale Saint-Just, magnifique ébauche de ce qui aurait pu être l'une des plus belles cathédrales gothiques de France. Mais elle ne fut jamais terminée, les consuls ayant refusé d'abattre le rempart qui barrait la construction. Aussi se limite-t-elle à un chœur grandiose, entouré de treize chapelles et flanqué de deux tours carrées. Un cloître la sépare du palais des Archevêques, une véritable forteresse mi-romane mi-gothique, entre les grosses tours de laquelle Viollet-le-Duc a construit, au XIXe siècle, un hôtel de ville de style flamboyant.

Entre Béziers et Narbonne, trois belles églises jalonnent la frontière de l'Hérault et de l'Aude. Celle de *Capestang* est contemporaine de la cathédrale de Narbonne (fin du XIIIe et XIVe siècle) et ressemble à cette dernière : abside à sept pans, puissants contreforts et construction inachevée; elle a cependant un embryon de nef. L'église Sainte-Marie de *Quarante* est beaucoup plus ancienne; de style roman primitif, elle est voûtée en berceau, avec des absidioles en cul-de-four, et son abside ornée de niches semble avoir inspiré celle de Saint-Guilhem-le-Désert. Au pied des montagnettes du Minervois, à *Cruzy,* l'église fortifiée a, bien qu'elle soit gothique, une voûte en berceau brisé, et la largeur de celle-ci (17 m) est tout à fait exceptionnelle pour ce type de construction.

C'est près de là, à *Argeliers,* un bourg aujourd'hui bien oublié, que commença, au début du siècle, la grande révolution viticole connue sous le nom de « mouvement des Gueux ». En 1907, sept viticulteurs du village, irrités par la mévente et par la concurrence des vins

algériens qui les acculaient à la misère, constituèrent un comité de défense et prirent pour porte-parole le cabaretier Marcellin Albert. À l'appel de celui-ci, 500 000 manifestants, venus de quatre départements, envahirent Montpellier, Béziers et Narbonne. Clemenceau leur envoya la troupe, mais les soldats mirent la crosse en l'air et les pouvoirs publics durent faire des concessions. La création d'une Confédération générale des vignerons du Midi et le vote de lois déterminant des normes de qualité précises rétablirent le calme. On peut dire que, si le Languedoc produit aujourd'hui de bons vins, c'est en partie grâce aux révoltés d'Argeliers.

Minerve en Minervois

Au nord-ouest de Narbonne, au pied des pentes boisées de la Montagne Noire, un causse aride, profondément entaillé par des torrents fantaisistes — Argent-Double, Ognon, Vernazobre —, forme un pays dénudé, rocheux, de quelque 700 km²; au sud, il s'abaisse brusquement, les pentes des coteaux se couvrent de vignes, la vie réapparaît : c'est le domaine d'un vin réputé, le minervois.

La capitale historique du Minervois est un village de 125 âmes, *Minerve,* situé dans l'un des sites les plus pittoresques du Midi. S'il n'est pas plus connu, c'est qu'il se trouve à l'écart des grands itinéraires. Isolée par deux rivières capricieuses, la Cesse et le Briant, une plate-forme de roche nue, reliée au causse par un mince pédoncule que défendait autrefois un château, porte une ancienne place forte qui a conservé une partie de ses remparts. Les falaises sont si abruptes que l'on croirait voir un bateau échoué après quelque déluge, et l'extraordinaire impression que produit cette petite ville solitaire, tassée sur son perchoir, se double de l'émotion que l'on éprouve à contempler l'un des hauts lieux de l'histoire du Languedoc.

Après avoir servi de camp retranché à la 10e légion romaine, cantonnée à Narbonne, qui lui donna peut-être son nom en y édifiant un temple à la déesse de la Sagesse, il subit de nombreuses invasions barbares avant d'être, au IXe siècle, le siège d'une juridiction royale, puis de devenir, vers l'an 900, une vicomté.

Au début du XIIIe siècle, Minerve, à cause de sa situation exceptionnelle, servit tout naturellement de citadelle à la contrée, convertie à la religion cathare : elle en devint la ville martyre. Simon de Montfort, qui savait que la chaleur avantage toujours l'assiégeant, l'investit le 24 juin de l'année 1210. La ville ayant la réputation d'être imprenable, Simon de Montfort décida d'employer les grands moyens et fit amener six énormes machines de guerre, dont l'une avait été baptisée « la Bible ». Mais il n'espérait pas venir à bout de la place par la force. Ses bombardes pilonnèrent systématiquement le puits

muscat de Lunel	B
muscat de Mireval	B
muscat de Saint-Jean-de-Minervois	B

Roussillon

banyuls	R B r rancio
banyuls grand cru	R
collioure	R
maury	R
côte-d'agly	R B r rancio
rivesaltes	R B r rancio
muscat de Rivesaltes	B
côtes-du-haut-roussillon	R B r rancio
grand-roussillon	R B r rancio

R = rouge
B = blanc
r = rosé
rancio = vins ayant acquis, par un
long vieillissement en fûts
exposés au soleil, une madérisation
bénéfique qui leur confère le goût
des vins d'Espagne. ■

Les corbières : le cru qui a de l'accent

C'est à l'est de Limoux, sur les coteaux ensoleillés qui frangent le massif montagneux des Corbières, que s'élaborent ces vins dont tous les Français — et bon nombre d'étrangers — connaissent le nom : les corbières. Sur ce vaste terroir, qui couvre la moitié du département de l'Aude, il n'y a pas de villes. Seule mériterait ce nom, mais elle est en fait à l'écart dans la plaine, *Lézignan-Corbières*, où se pratique la charmante coutume de la « caponnade » : lorsqu'une vendangeuse oublie une grappe sur un cep, le vendangeur qui cueille cette grappe a le droit de l'écraser sur la joue de la coupable et de prendre à celle-ci un baiser. Il paraît que certaines filles sont volontairement distraites... En revanche, on trouve à l'intérieur des Corbières maint village pittoresque, tel *Lagrasse*, autrefois siège d'une puissante abbaye dont les vastes bâtiments abritent maintenant un asile et un orphelinat, qui possède remparts, maisons anciennes, pont médiéval et église gothique; *Durban*, sommeillant au pied des ruines de son château féodal; *Tuchan*, blotti sous la verdure au pied de l'impressionnant mont Tauch, rocher nu et désert battu par le vent furieux, brûlé par le soleil et hanté par les légendes du pays audois.

C'est dans ce décor à la fois sauvage et humain que naissent les V. D. Q. S. bien connus, rouges (sombres et corsés), rosés (nerveux et fruités) ou blancs (clairs et gouleyants). Les corbières doivent titrer 10°, les corbières supérieurs 12°.

Les environs de Narbonne produisent un corbières modeste, mais bon, le côte-de-narbonne, vin de pays au bouquet intéressant. Plus fameux sont les corbières supérieurs qui viennent du sud de la ville, des collines bordant la mer, gamme somptueuse dont la vedette est le célèbre fitou d'appellation contrôlée, qui n'est autre que l'illustre « vin de Palme » (ou de La Palme), cher à Rabelais. Provenant, au moins pour les trois quarts, de cépages de grenache et de carignan, c'est un vin généreux et charnu, qui s'affine en vieillissant et acquiert un bouquet remarquable. ■

La façade néo-gothique de l'hôtel de ville de Narbonne, œuvre de Viollet-le-Duc, ▼ est accolée à un donjon médiéval.

Saint-Rustique, alimenté par le Briant et relié aux remparts par un couloir fortifié. C'était le seul point d'eau de la ville et, lorsqu'il fut détruit, les assiégés durent capituler. L'histoire a retenu le nom des 150 habitants qui, refusant de renier leur foi, se jetèrent dans le bûcher avec la ferveur des martyrs.

À Minerve, tout est à voir, depuis les remparts, le chemin de ronde creusé dans le roc, la poterne et les tours de défense jusqu'à la maison des Templiers et la léproserie, en passant par les ruines du château et le puits Saint-Rustique. Mais deux édifices sont à visiter : l'église romane, toute simple, dont la table d'autel est peut-être la plus ancienne de France, puisqu'une inscription gravée précise qu'elle fut consacrée en 456 par saint Rustique; le musée, qui présente de façon attractive, grâce aux fossiles et aux vestiges dont les environs sont prodigues, un panorama de la vie depuis les origines jusqu'à l'apparition de l'homme sur la terre, puis des civilisations qui se sont succédé jusqu'à nos jours.

Dans le village même, la Cesse, s'infiltrant dans le calcaire du causse, a creusé dans le roc deux curieux tunnels. Baptisés « Petit Pont » et « Grand Pont », ils ont plus de 100 m de longueur chacun, et on peut les visiter à pied par temps sec. Plus en amont, le torrent s'est enfoncé dans un canyon dont les parois abruptes sont percées de nombreuses grottes. On a retrouvé dans celles-ci des squelettes d'hyènes, alors que ces animaux ont abandonné l'Europe depuis plus de 15 000 ans, et des empreintes d'hommes préhistoriques, conservées dans l'argile avec une surprenante netteté grâce à la couche de calcite qui s'y est déposée.

Le Minervois produit un V. D. Q. S. qui est un des meilleurs vins rouges du Languedoc. Issu de cépages variés — grenache, cinsault, carignan —, il est tendre, velouté, équilibré, et il vieillit bien. Pline le Jeune vantait déjà ses mérites, et le proconsul Fonteius, accusé de frapper le précieux breuvage de taxes illicites, dut recourir à Cicéron pour assurer sa défense. Depuis des siècles, il fait vivre bourgs et villages, dont plusieurs sont d'agréables buts de promenade.

Tout près de Minerve, *La Caunette*, étirée au bord de la Cesse, au pied de falaises criblées de trous, a une vieille porte fortifiée et une église romane dotée d'une jolie abside en cul-de-four. Vers l'ouest, le gros bourg de *Rieux-Minervois* possède une église très originale : construite au XIIe siècle sur plan circulaire, c'est un petit chef-d'œuvre d'architecture, coiffé d'une coupole soutenue par sept arcades et surmontée d'une tour à sept côtés. Quant à *Caunes-Minervois*, au débouché des pittoresques gorges boisées de l'Argent-Double, dans un cadre nettement méridional, on y trouve des carrières de marbre rose d'où proviennent les colonnes du Grand Trianon, des maisons médiévales et une ancienne abbatiale, dont le transept, l'abside, le clocher et le porche sont romans, alors que la nef est gothique.

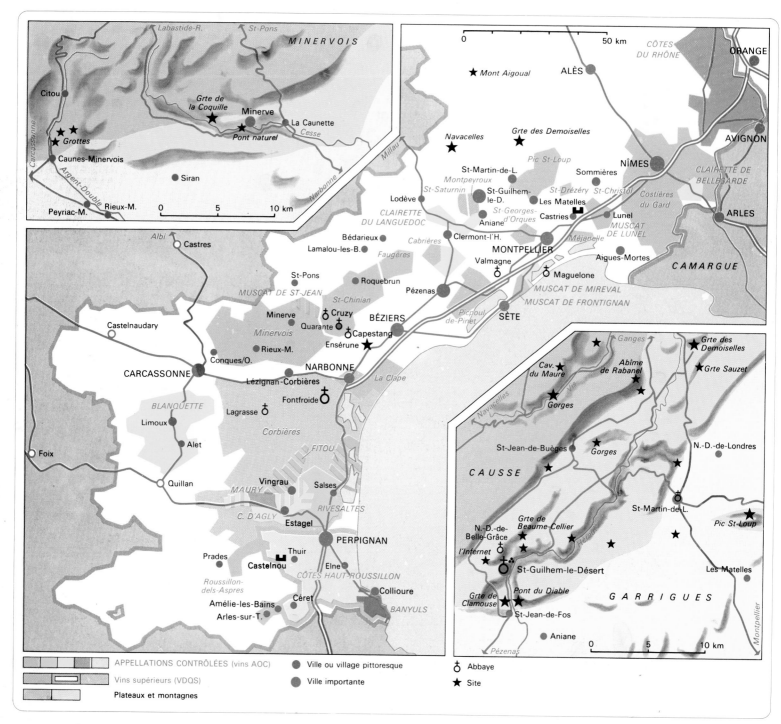

Le plus vieux mousseux du monde

Au sud-ouest du Minervois, à l'ombre des tours médiévales de Carcassonne, dans un bassin si fertile qu'on l'appelle le « jardin de l'Aude », une petite ville pittoresque produit un mousseux qui se dit le plus vieux du monde.

Bien groupée autour de l'active place de la République, entourée d'arcades, *Limoux* a quelques maisons anciennes et une église mi-romane mi-gothique. Cela n'aurait probablement pas réussi à rendre son nom célèbre s'il n'y avait pas eu la blanquette — ce nom vient du duvet blanc qui couvre le dessous des feuilles du cépage mauzac dont le vin est issu. Le premier document qui en fait mention date de 1349 : c'est une ordonnance royale interdisant d'introduire dans la blanquette des vins blancs autres que ceux du cru.

Au XVIe siècle, François Ier, qui avait reçu 31 chargements de mulet du précieux breuvage, en fut si content qu'il fit planter une treille de mauzac au château de Fontainebleau. Un autre document parlant de « flacons de vin de blanquette » date de 1544, donc bien avant l'invention de la champagnisation par dom Pérignon.

Produite par 42 villages de la haute vallée de l'Aude, la blanquette de Limoux est un vin blanc mousseux, d'appellation d'origine contrôlée. Il faut 150 kilos de vendange pour préparer 100 litres d'un vin léger, élégant, moelleux, doré, fruité. Le sucre naturel demeure dans le vin après la première fermentation et provoque la formation spontanée de la mousse. La blanquette de Limoux se consomme fraîche mais non glacée, dans des verres à pied « tulipes » ou « ballons ». On la boit à l'apéritif et au dessert, mais on peut aussi la servir avec les poissons et les fruits de mer. Elle existe en « doux », « demi-doux », « demi-sec », « brut », « spécial dry ».

Au sud de Limoux, dans un amphithéâtre de collines rougeâtres, la petite station thermale d'*Alet-les-Bains*, spécialisée dans le traitement des troubles digestifs, possède, en plus du charme de sa vieille ville, une ruine très belle et très émouvante, celle d'une cathédrale romane, détruite par les huguenots en 1577 et jamais rebâtie. Il reste des baies en plein cintre, des chapiteaux corinthiens, des tours éventrées, une abside à peu près intacte, des corniches sculptées, la salle capitulaire... Le ciel est si bleu et les pierres ont une si belle teinte cuivrée que ce n'est même pas triste.

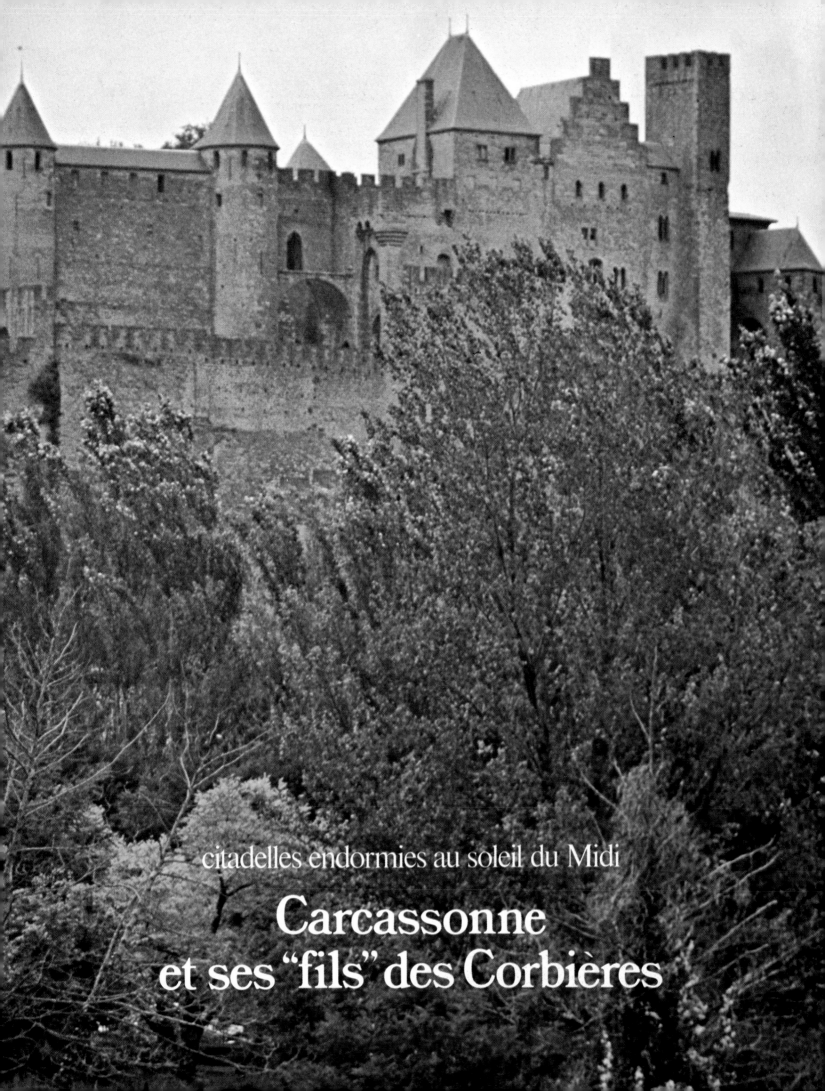

citadelles endormies au soleil du Midi

Carcassonne
et ses "fils" des Corbières

◀ *La porte d'Aude,*
le château comtal
et la tour Pinte.

Coupée de chicanes, ▲
la rampe d'accès
de la porte d'Aude.

Surnommée la «*pucelle du Languedoc*»
parce qu'on la considérait comme imprenable,
la Cité de Carcassonne
est la plus grande forteresse d'Europe.
On ne peut y pénétrer
que par deux portes puissamment défendues.
À l'ouest, la porte d'Aude est située
à l'extrémité d'une étroite rampe en lacet,
autrefois précédée d'une solide barbacane
et constamment surveillée
par les multiples tours de guet des remparts.

◀◀ *Forteresse*
dans la forteresse,
le château comtal.

Carcassonne. 3

▲ *La tour Pinte,*
poste de guet
du château comtal.

Musée lapidaire,
vasque
du XIIe siècle. ▼

Après avoir victorieusement
résisté à tous les assauts,
Carcassonne faillit connaître
une fin sans gloire
sous la pioche des démolisseurs.
Prosper Mérimée,
alors inspecteur général
des Monuments historiques,
s'en émut,
et Viollet-le-Duc
sut lui restituer
son aspect d'antan.

Les remparts de l'ouest ▶
et les deux tours
de l'Évêque.

4. Carcassonne

▲ *Au pied
du château comtal,
les toits
de la ville basse.*

*Ville close,
enfermée dans ses remparts,
la Cité de Carcassonne
était le fief des autorités militaires,
civiles et religieuses.
Artisans et commerçants vivaient
en dehors, dans des faubourgs insalubres
que Saint Louis fit raser.
Reconstruite à l'écart,
de l'autre côté de l'Aude,
la ville basse s'est étendue
au cours des siècles,
a franchi le fleuve,
se rapprochant insensiblement
de l'orgueilleuse citadelle.*

6. Carcassonne

*Les créneaux du château, ▶
sur le chemin de ronde.*

▲ *Au sommet d'un énorme rocher dominant le château de Peyrepertuse, le donjon San Jordi.*

En plein ciel, ▶ *entre France et Aragon, le nid d'aigle de Quéribus.*

*Carcassonne avait cinq «fils»,
cinq châteaux forts vassaux,
postés au sommet
de rocs inaccessibles,
sentinelles avancées
surveillant les Corbières.
De ces forteresses,
dont il ne reste plus que des ruines,
Peyrepertuse et Quéribus
sont peut-être
les plus spectaculaires.*

◀ *Avant-poste
à la frontière espagnole,
la citadelle
de Peyrepertuse.*

Carcassonne. 9

▲ *Les remparts de Carcassonne vus du nord-ouest.*
À gauche, la tour du Trésau
et la porte Narbonnaise.
À droite, le château comtal.

Entre les enceintes
extérieure et intérieure,
les lices hautes,
▼ *près de la porte Narbonnaise.*

Des puissants bastions dont se hérissa notre sol aux temps héroïques des guerres féodales, rares sont ceux qui n'ont pas souffert de la violence des batailles ou de l'usure des siècles. Ce ne sont plus alors que d'étranges squelettes, ruines fières et mélancoliques, agrippées à des escarpements, perchées sur des pics. Il en est ainsi qui veillent encore sur le massif des Corbières, dans ce pays de terre rouge et de calcaire grisâtre, de crêtes âpres et de vallons opulents, de pitons rocheux et de gorges sombres. De la vallée de l'Aude à la Méditerranée s'étale un paysage austère et tourmenté, un sauvage enchevêtrement de reliefs dont la beauté fascine celui qui consent à s'y enfoncer. Région de faible altitude pourtant, bien que le plus haut sommet, le pic de Bugarach, culmine hardiment à 1 231 m. Garrigues et vignes, chênes verts et cyprès, cistes et plantes aromatiques confèrent à cette « montagne » une teinte méridionale, avivée par le soleil torride de l'été.

De par sa position stratégique au carrefour des invasions, ce dédale peu commode à violer fut appelé à jouer un rôle important dans l'histoire. En témoignent les sévères silhouettes des forteresses qu'y élevèrent les hommes. Ici l'on fit front à l'invasion sarrasine, et les anciennes tours de guet, devenues châteaux forts, servirent de refuge aux cathares; puis, à l'heure où les Corbières furent intégrées au royaume de France, s'édifia, face aux entreprises du roi d'Aragon, une sorte de muraille de Chine en pointillé : « ... aux Marches, par-deçà la frontière d'Aragon, est la Cité de Carcassonne qui est la mère et a cinq fils : Puilaurens, Termes, Aguilar, Quéribus et Peyrepertuse [...] à gage du Roy », lit-on sur un document de la fin du XVe siècle. De tours en citadelles, ces terres d'extrême avancée défendaient le passage entre Aquitaine et Méditerranée, entre France et Catalogne. C'était là une gigantesque cotte de mailles étendue sur monts et vallées.

Posés sur des promontoires rocheux, les « fils de Carcassonne », démantelés, sont aujourd'hui des fantômes d'un autre âge, impressionnants et mystérieux. Plus grandiose encore, la Cité qui les commandait. Enchâssée dans sa double enceinte, elle nous apparaît telle qu'elle était au début du XIVe siècle. Sur sa pierre se déchiffre l'histoire de ces époques troublées où la guerre était couleur et aventure, panache et atrocité. Une vie entière était enserrée dans ses murs, non plus celle d'un simple château fort, mais celle d'une véritable ville, un univers médiéval en réduction.

La « pucelle du Languedoc »

Sise au cœur d'un vignoble, sur le dernier ressaut des Corbières, la Cité de Carcassonne est, pour les touristes du monde entier, le modèle même de l'ensemble fortifié : abordée par la route venant de Narbonne, par celle de Saint-Hilaire (le long de la vallée du Lauquet) ou, mieux, vue du bout du Pont-Vieux, elle dégage une impression de puissance et de sérénité. Du haut de son piédestal, qui domine la rive droite de l'Aude d'une cinquantaine de mètres, elle semble encore défier les ans et d'hypothétiques envahisseurs. Inexpugnable, elle fut surnommée la « pucelle du Languedoc ».

Pourtant, ce que ne purent réaliser les assiégeants qui, des siècles durant, se succédèrent devant ses remparts, des hommes du XIXe siècle le firent quand ils entreprirent de détruire ces murs chargés d'histoire; les lices devinrent des carrières de pierres dont les habitants se servaient pour bâtir leurs maisons. Par bonheur, Prosper Mérimée,

La légende de « dame Carcas »

Charmante légende que celle de dame Carcas dont on voit l'effigie, assez défigurée, près de la porte Narbonnaise de la Cité de Carcassonne. Une chanson de geste conte que la forteresse, autrefois édifiée par les Wisigoths, était, depuis sept ans, assiégée par Charlemagne. Seule réussit à survivre dame Carcas, épouse du prince sarrasin Balaack. Fort rusée, elle plaça, sur les créneaux, des mannequins de paille armés d'une arbalète; elle-même, changeant de bonnet, ne cessait de faire le tour du chemin de ronde, décochant des traits sur les ennemis, puis elle fit manger à un pourceau les derniers grains de blé qui lui restaient et le précipita du haut des remparts.

Voyant l'animal repu, les assiégeants conclurent que les vivres ne manquaient pas aux assiégés, en apparence nombreux. Découragés, ils levèrent le siège tandis que dame Carcas sonnait la cloche en signe de joie. « Sire, Carcas te sonne », dirent les preux à Charlemagne. Dans un jeu de mots imaginé par un troubadour, on a voulu voir l'origine du nom de la Cité. Et, pour donner une heureuse fin à la légende, on nous assure que Charlemagne, émerveillé de tant de courage et de présence d'esprit, offrit à la vaillante veuve la ville et un époux, en la personne de l'un de ses chevaliers, Roger. Ce sont d'eux que sont issus les premiers comtes de Carcassonne... ■

▲ Autour de la Cité,
des constructions nouvelles
ont remplacé
celles que Saint Louis
fit raser.

inspecteur général des Monuments historiques, sonna l'alarme; puis la campagne de sauvegarde, menée par l'archéologue carcassonnais J.-P. Cros-Mayrevieille, réussit à enrayer les effets désastreux du décret de 1850 qui livrait la ville aux démolisseurs. Et la restauration en fut confiée à Viollet-le-Duc. L'architecte fut, certes, fort critiqué; mais s'il en fit trop par excès de conscience, soyons-lui reconnaissants d'avoir conservé à la France l'une de ses plus prestigieuses places fortes. Donjons, courtines, barbacanes, clochetons se dressent aujourd'hui comme hier, lui redonnant son aspect d'antan et dessinant sur le ciel une étonnante destinée guerrière.

Sur l'autre rive de l'Aude, la rivière au joli nom, s'étale la ville basse, la « fille de sa mère », une bastide aux rues étroites tracées en damier, comme les aimait un XIIIe siècle d'apaisement et de reconstruction, une fois le Midi vaincu. En ville ouverte, animée, et même chef-lieu de département, elle exploite aujourd'hui le carrefour que surveillait jadis la Cité.

Une fresque de pierre

« Je ne sache pas qu'il existe nulle part en Europe un ensemble aussi complet et aussi formidable de défense des Ve, XIIe et XIIIe siècles... » déclara Viollet-le-Duc. Les techniques de l'architecture militaire de plusieurs époques ont en effet fusionné en un tout ample et équilibré, sévère et puissant, fortement refermé sur lui-même. Les maîtres successifs de la Cité la dotèrent d'équipements défensifs chaque fois plus adaptés à leur temps. Les marques de leur passage ont malheureusement été effacées ou remaniées au gré des vicissitudes de l'histoire, mais quelques vestiges suffisent à recréer ce passé millénaire.

Des Gaulois, déjà installés sur cette colline au VIe siècle avant notre ère, ne subsiste aucune empreinte. Puis Rome victorieuse fait de la modeste bourgade l'une des principales villes de la Narbonnaise; elle la fortifie, lui donnant le contour elliptique que nous lui connaissons aujourd'hui. L'enceinte intérieure conserve des murs en petits moellons, décorés de chaînages de briques rouges, et des tours semi-circulaires, qui témoignent de la période gallo-romaine. Encore d'aucuns attribuent-ils ces constructions aux Wisigoths, qui prirent possession de la place forte au Ve siècle et lui auraient alors donné une nouvelle enceinte. Occupée ensuite par les Sarrasins (713), Carcassonne est en 759 incorporée à l'Empire franc par Pépin le Bref. Trois siècles plus tard commence le règne des Trencavel, vicomtes de Béziers. Avec cette puissante famille, la ville connaît la prospérité, découvrant comme le reste de l'Occitanie une civilisation toute de raffinement et de courtoisie. La vieille citadelle s'anime aux mélodies des troubadours qui tiennent leurs cours d'amour dans le superbe château comtal, imposant bastion élevé à l'intérieur des fortifications (1124-1180?). Mais sa vocation militaire n'est pas pour autant oubliée. Sa défense est consolidée. Tours et remparts sont équipés de hourds et de meurtrières. Une enceinte vient cerner les faubourgs qui, au temps de la domination romaine, ont surgi au nord et au sud.

Ainsi Carcassonne est-elle prête à affronter les plus dures attaques et même le siège que lui fait subir Simon de Montfort, entraîné par le pape Innocent III dans la croisade contre les albigeois. Mais Raymond Roger Trencavel est capturé par l'ennemi (1209) et jeté dans un cachot de la tour Pinte, où il meurt quelques mois plus tard. Sans chef, la Cité capitule et Montfort la gouverne des années durant. Puis, la

▲ *Au creux d'un vallon*
des Corbières,
l'abbaye cistercienne
de Fontfroide.

Fontfroide la cistercienne et Lagrasse la bénédictine

Ce pays des Corbières, encore frémissant du bruit des combats, fut aussi terre de prière et de méditation. À la fin du XIe siècle, quelques religieux s'enfoncent dans une gorge sauvage, à une quinzaine de kilomètres au sud-ouest de Narbonne. Là, parmi les arbousiers et les cyprès, les cistes et les buis, au milieu d'une étendue désertique, coule une source d'eau fraîche, la *font froide*. Le lieu est choisi pour y construire un monastère (1093), que ses moines affilient, dès 1143, à l'ordre de Cîteaux; cette abbaye devient bientôt si prospère qu'elle essaime en Catalogne et en Roussillon. À l'heure où éclate l'hérésie cathare, l'abbaye de Fontfroide est citadelle de l'orthodoxie : deux de ses moines sont même choisis par le pape comme légats. C'est l'assassinat de l'un des deux, Pierre de Castelnau, par un vassal du comte de Toulouse, en janvier 1208, qui déclenche la croisade dite « des albigeois ». Plus tard, les rapports tendus entre comtes et consuls de Narbonne d'une part, religieux de Fontfroide d'autre part, puis une vie moins... monastique, retirent tout prestige à la vieille abbaye qui, vendue à la Révolution, est rachetée par les Cisterciens de Sénanque en 1858. Ils en sont chassés en 1901. Finalement, la famille Fayet s'y installe et restaure Fontfroide, défigurée par le XIXe. Peut-être les amoureux de l'austérité cistercienne trouveront-ils que l'abbaye a été trop colorée de fleurs et de vitraux, mais comment en tenir rigueur à M. Fayet, ce grand

Le pont d'entrée
du château comtal
de Carcassonne.
Au fond,
▼ *la basilique Saint-Nazaire.*

révolte grondant, son fils cède ses droits au roi de France, Louis VIII. La Cité devient sénéchaussée et, malgré la tentative de siège menée par le fils de Raymond Roger Trencavel pour reconquérir son fief, elle appartient désormais au domaine royal. Sa position clef en fait plus que jamais un bouclier contre les querelles intestines, tout autant que contre l'ennemi espagnol, la maison d'Aragon. Aussi Saint Louis puis Philippe III le Hardi renforcent-ils sa protection. Le premier entreprend de doubler l'enceinte intérieure d'une muraille extérieure, moins élevée et largement séparée de l'ancienne pour que, dans l'intervalle, puisse être maintenu l'assaillant qui aurait franchi la première ligne fortifiée. Les faubourgs sis au pied des remparts sont détruits, et une ville neuve s'édifie sur la rive gauche de l'Aude. Le second poursuit l'œuvre de son père. Le rempart intérieur est en grande partie reconstruit. La porte Narbonnaise, principale voie d'accès, est transformée en une véritable forteresse, avec ses deux herses, ses tours jumelles et ses mâchicoulis. À proximité, la tour du Trésau prend sous son tir les assaillants qui se ruent vers la porte Narbonnaise. Les tours sont surélevées, les lices creusées entre les deux murailles.

La Cité de Carcassonne, devenue la plus redoutable place forte du Languedoc, a dès lors son visage définitif, que parachève Philippe IV le Bel en restaurant l'église romane de Saint-Nazaire dans le style gothique d'Île-de-France. Mais, si elle conserve son rôle stratégique jusque dans la seconde moitié du XVIIe siècle, l'histoire n'ajoute plus rien à sa gloire. Les guerres de Religion ne la touchent guère. Peu à peu, la ville basse prend de l'importance aux dépens de la Cité. À partir du traité des Pyrénées (1659), qui rattache le Roussillon au royaume, commence un lent déclin.

Errances à travers le passé

Riche de ces souvenirs dont elle porte les traces, la Cité de Carcassonne offre au visiteur le plus parfait dépaysement. Il faut voir son impressionnante silhouette éclairée par le soleil couchant, se promener sur les lices en inventoriant les survivances romaine, wisigothe ou féodale, flâner de tour en tour, au fil de ses deux longues enceintes concentriques, se laisser imprégner enfin par cette étonnante évocation historique. Quelque 3 km de remparts (la muraille intérieure mesure 1 287 m, l'extérieure 1 672 m), une cinquantaine de tours reliées par ces hauts murs, une ville close qui semble vivre encore à l'heure du Moyen Âge, fière de sa basilique et de son château, tout cela porte à la surprise. Que l'on accède à la forteresse par la porte Narbonnaise ou par la porte d'Aude, ouverte à l'ouest, du côté de la rivière, l'on ne peut être qu'émerveillé par le spectacle de

cet ensemble imposant. On pardonne alors à Viollet-le-Duc les fantaisies de son imagination ainsi que la jeune vieillesse des pierres qu'il a accumulées pour reconstituer le joyau des ouvrages militaires.

En avant du pont-levis qui conduit à la porte Narbonnaise nous accueille le buste de la fameuse « dame Carcas », héroïne légendaire qui aurait donné son nom à la bastide. Le pont enjambe le boulevard des Lices, invitation à la promenade dans ces fossés aux largeurs inégales. Ceux de l'est, du nord et de l'ouest (les lices basses) renferment les parties les plus anciennes; aussi constituent-ils une excellente entrée en matière pour la découverte de la Cité. Au-delà du guichet de la porte Narbonnaise, c'est l'univers encerclé de la vieille ville; mais, avant d'y pénétrer, jetons un regard sur les fortifications de gauche, d'autant plus puissantes que le site était vulnérable. Incorporées à l'enceinte extérieure, la tour de la Vade, la plus belle de celles que compte cette muraille, et la tour de la Peyre, également circulaire et pointue avec ses trois étages, sont conçues comme de amateur d'art qui a su nous conserver là un pur chef-d'œuvre.

Oasis dans un désert, Fontfroide surprend avec ses jardins « à l'italienne », ombragés d'oliviers et de pins, avec ses bâtiments aux murs de grès patinés par les siècles. On a dit qu'en ce lieu la lumière était « d'un autre monde ». Elle baigne, surtout le matin, le cloître gothique, l'un des plus beaux du Midi avec ses galeries voûtées d'ogives, ses colonnettes géminées en marbre blanc veiné, ses chapiteaux ornés et, enfin, son parterre de fleurs entourant le puits central. « De toutes les églises cisterciennes de France, écrit le père Anselme-Didier, c'est peut-être Fontfroide qui donne le plus cette impression de puissance et de majesté », tant il est vrai que lorsqu'on pénètre dans ce sanctuaire, on est surpris par les hauteurs de la voûte de la nef (cinq travées), couverte d'un berceau brisé. Commencée dans la seconde moitié du XIIe siècle, cette église fut flanquée cent ans plus tard d'une grande chapelle et de cinq autres au XVe siècle.

À Fontfroide la cistercienne s'oppose *Lagrasse la bénédictine*. Nous sommes sur les bords de l'Orbieu, à 36 km au sud-est de Carcassonne. Un audacieux pont médiéval une fois franchi, apparaît l'imposante masse de l'abbaye, fondée par une charte de 778. Elle fut « reine des Corbières ». Styles et âges s'y confondent. Jusqu'au monastère que se partagent deux propriétaires, car une partie abrite un asile de vieillards (qui occupe les bâtiments élevés au XVIe siècle), l'autre une fondation pour médaillés militaires... Ce qui n'empêche pas de

→

▲ *Sur les rives de l'Orbieu, le village de Lagrasse et la tour de l'abbaye bénédictine.*

La montée de la porte d'Aude. Au premier plan, la tour ronde de l'Évêque. ▼ *Au fond, le château comtal.*

véritables donjons qui prennent en enfilade toutes les lices hautes. L'enceinte intérieure apparaît aussi redoutable avec sa perspective de tours : tour de Balthazar, tour de Davejean, tour Saint-Laurent, tour du Trauquet, tour du Sacraire-Saint-Sernin, avec sa jolie fenêtre gothique au remplage flamboyant. À droite de la porte Narbonnaise, la tour du Trésau, du haut de laquelle le visiteur jouit d'une belle vue sur la Cité et ses environs, précède une série de tours primitives, peu éloignées les unes des autres (20 m seulement).

Après cette vision qui évoque le feu de la guerre, la ville intérieure surprend par son lacis de rues étroites, ses placettes paisibles où se dressent encore deux pittoresques puits du Moyen Âge, ses maisons à auvent et ses jardins. La vie ne l'a pas quittée (elle compte aujourd'hui un millier d'habitants); et si les hommes d'armes l'ont désertée il y a longtemps, rien ne semble avoir vraiment changé depuis. Intégré par l'un de ses côtés au rempart qui domine l'Aude, le château comtal veille sur elle comme au premier jour, ultime recours des défenseurs d'une Cité qui, tombée dans le domaine royal, conserva une telle puissance que nul ne put jamais lui faire abaisser le drapeau fleurdelisé! Citadelle dans la citadelle, longue de 80 m, large de 40 m, flanquée de neuf tours, protégée par une barbacane et de profonds fossés, cette somptueuse résidence seigneuriale fut remaniée par les sénéchaux royaux (XIIe-XVIe s.), puis, à partir du XVIIIe, elle fit office de caserne. À l'heure actuelle, elle abrite dans ses salles nues et austères un intéressant musée lapidaire.

Cependant, la véritable merveille demeure sans conteste l'ancienne cathédrale Saint-Nazaire, devenue basilique au XIXe siècle. Au matin, les rayons du soleil illuminent ses verrières (XIVe-XVIe s.), dont la beauté rutilante, inégalée dans tout le Midi, les fait comparer à celles de Chartres ou de la Sainte-Chapelle. Le style roman, sobre et sévère, s'allie au gothique aérien et infiniment gracieux. De la cathédrale romane ne nous reste que le triple vaisseau de la nef. La partie gothique (transept et chœur), quant à elle, est ce pur chef-d'œuvre découvrir ici la chapelle primitive du XIe siècle, et là, une belle salle des gardes du XVe. D'un côté, le XIIIe siècle avec, au premier étage, le vaste dortoir des moines et la chapelle de l'abbé, pavée de carreaux émaillés et polychromes. De l'autre, le XVIIIe siècle avec le « palais » abbatial et son cloître. On ira de la vaste église gothique, dominée par son clocher-donjon, aux défenses dont les contreforts supportent des mâchicoulis. ■

Du côté espagnol : Salses

Si besoin fut, pour le royaume de France, de protéger la terre d'Aude contre les éventuelles attaques de sa voisine l'Espagne par une série d'imposantes places fortes, la même nécessité se fit sentir de l'autre côté de la frontière, dans cette plaine roussillonnaise tombée sous la domination du royaume d'Aragon. Ainsi, à la fin du XVe siècle, Ferdinand d'Aragon fit-il élever par l'ingénieur Ramirez une impressionnante forteresse de brique et de pierre, imperturbable sentinelle aujourd'hui encore dressée au milieu d'un paisible paysage de vignobles, rouge et dorée sous le soleil du Midi. De par sa position clef au nord de Perpignan, le fort de Salses fut l'objet d'âpres combats au moment de la reconquête du Roussillon par Richelieu, et finit par capituler le 15 septembre 1642. Son histoire militaire était, pour ainsi dire, terminée. Vauban remania des détails de son architecture. Le XVIIIe siècle le laissa tomber en

▲ *Le fort de Salses, une des premières citadelles conçues pour résister à l'artillerie.*

Joyau de la Cité,
▼ *la basilique Saint-Nazaire.*

dont on a dit qu'il semblait avoir été créé pour montrer aux populations méridionales, conquises par les hommes du Nord, que les rudes combattants conduits par Simon de Montfort n'étaient pas des barbares (XIIIe-XIVe s.). Dans le transept, on découvre la pierre tombale de Simon de Montfort, frappée de la croix du Languedoc et du lion des Montfort.

Rejeton de la Cité : la ville basse

Le front opposé à la porte Narbonnaise domine de ses hauts murs à pic le cours de l'Aude et la ville basse, édifiée selon un plan régulier, avec ses rues se coupant à angle droit. Construite sur l'ordre de Saint Louis et fortifiée comme l'exigeaient les incertitudes des temps, celle-ci devint le « Bourg neuf de Carcassonne », avant de se voir octroyer le titre de « ville de Carcassonne » (milieu du XVIe s.). Jusqu'à la fin du XVIe siècle, il y eut rivalités, jalousies et affrontements entre la Cité et son « rejeton » : la Cité était réservée aux autorités civiles, religieuses et militaires, et la ville basse au menu peuple et aux commerçants. Pendant les guerres de Religion, la Cité tenait pour les ligueurs, tandis que la ville basse se ralliait aux calvinistes. Il n'est désormais plus de querelle, et la ville basse représente le cœur vivant de la région. Son aspect a changé; ses rues se sont transformées, ses faubourgs se sont accrus de constructions modernes, des quartiers se désuétude. Mais le XIXᵉ le releva, lui redonnant son aspect primitif.

Ce qui frappe en voyant ce château fort, c'est son ampleur — il dessine en effet, autour d'une cour centrale, un rectangle de 115 m sur 90 m, limité par quatre tours d'angle partiellement ensevelies; c'est aussi sa puissance — le mur d'enceinte est épais de 6 m. De la tour-donjon, sise au milieu du côté ouest et accessible par un pont-levis, ne reste que ce qu'a voulu nous laisser le XVIIᵉ siècle, qui le tronqua. Des bastions avancés renforcent les défenses au nord-ouest, au sud et à l'est. Cernée de larges fossés, l'immense forteresse, capable de résister aux plus violents assauts de l'artillerie, pouvait abriter 1 200 hommes, 300 chevaux. Tout en elle évoque les grands ouvrages conçus par Vauban. ■

Les « lieux saints » dominicains

Un érudit amoureux de la terre d'Aude, le Dr Jean Girou, a écrit un jour : « Si c'est à Assise qu'il faut aller pour vivre dans l'intimité du cœur de saint François, c'est à Montréal, Prouille et Fanjeaux que saint Dominique se révèle dans la compréhension de sa mission et dans l'humanité de sa foi orthodoxe. »

Car, dans ce pays frondeur, l'Église officielle n'a pas lésiné. C'est à *Montréal* (Mont-Royal), citadelle cathare, que, venu d'Espagne pour combattre l'hérésie, en prêchant pieds nus et en rappelant au clergé ses devoirs de pauvreté et de charité, le futur saint Dominique accomplit, le jour de la Saint-Jean, un miracle. Alors que les cathares moissonnaient en ce jour de fête et de repos, ils virent avec stupeur du sang couler le long des épis de blé : Dominique intervint et le sang cessa de couler...

Au bord des collines du Razès, à 18 km à l'ouest de Carcassonne, Montréal conserve du XIVᵉ siècle une église de style méridional. Dix kilomètres plus loin, sur une colline d'où la vue s'étend par temps clair jusqu'aux Pyrénées et aux Cévennes, *Fanjeaux* — « Fanum Jovis » rappelle un temple dédié à Jupiter — fut le haut lieu cathare auquel s'attaqua saint Dominique, d'abord par la prédication, à laquelle succéda bientôt la controverse.

Ici eut lieu le « miracle du feu ». Cathares et catholiques rédigèrent les grandes lignes de leurs doctrines respectives et décidèrent de se soumettre au jugement de Dieu. Les manuscrits furent jetés au feu. Or,

▲ *Aussi large que haute, l'église gothique de Montréal.*

Attirés par la renommée de la vieille citadelle, les touristes animent
▼ *ses ruelles endormies.*

sont créés. Trois ponts permettent l'accès : le Pont-Vieux (XIVᵉ s.), aux huit arches en plein cintre, et deux ouvrages modernes.

Des principes d'urbanisme propres aux villes fortes construites dans le Sud-Ouest à l'époque avaient présidé à l'édification de la ville basse. Mais le Prince Noir la détruisit en 1355. Aussitôt reconstruite, elle fut cernée de remparts et de fossés. Au XVIIIᵉ siècle, le prince-évêque, monseigneur de Bezons, fit abattre les murailles et combler les fossés qui sont aujourd'hui d'agréables promenades plantées de tilleuls et de platanes. Quelques vestiges des murs des bastions d'angle subsistent malgré tout. Outre cela, elle a conservé sa pittoresque place aux Herbes, ornée d'une fontaine en marbre blanc (XVIIIᵉ s.). Sur cette place qui occupe le centre géométrique de son plan en damier a régulièrement lieu le marché aux légumes. Deux églises : au nord Saint-Vincent, au sud la cathédrale Saint-Michel, sont contemporaines de la fondation de la ville.

Près d'une mine d'or, des châteaux aux noms de chansons de geste

Inséparables de Carcassonne sont les châteaux de Lastours qui, autrefois, protégeaient, sur son flanc nord, la Cité. Ils n'en sont éloignés que de 16 km, et la légende veut qu'ils aient été reliés à elle par un souterrain prenant son point de départ dans une grotte qui a conservé le nom de « trou de la Cité » : par là, raconte-t-on, s'enfuirent de Carcassonne les derniers défenseurs qui vinrent trouver refuge chez Pierre Roger de Cabaret, le seigneur le plus redoutable du Cabardès et des régions voisines. Les châteaux dressent leurs ruines hautes et solides dans un paysage romantique, dominant une vallée entaillée en coupe-gorge; on en compte un sur chacun des quatre pitons parés d'élégants cyprès et creusés de grottes. À leur pied coule l'Orbiel (le vieil or), rivière qui rappelle la présence, à Salsigne, deux kilomètres plus loin, de la dernière des mines françaises, exploitée depuis le IIᵉ siècle av. J.-C. : une mine d'or... et d'arsenic.

Tous quatre tenaient le pays de Cabardès : *Cabaret, Tour Régine, Fleur d'Espine* et *Quertinheux*. Du premier, le principal, on voit encore l'enceinte pentagonale crénelée, avec son chemin de ronde. C'est là que Simon de Montfort fut mis en échec. Les forteresses ne furent pas prises mais livrées dans de mystérieuses conditions (d'aucuns prétendent que Pierre Roger de Cabaret se rendit) et occupées par des chevaliers qui, plus tard, firent reculer le Prince Noir. Au-delà de Cabaret, c'est Tour Régine, le dernier construit (après la croisade), avec sa tour ronde. Puis, au sud, Fleur d'Espine et son donjon carré. Un étroit couloir dans le roc conduit, enfin, à Quertinheux, dominé par son puissant donjon cylindrique. C'est sous cette citadelle que s'ouvre le « trou de la Cité », qui mène à un puits au fond duquel les amateurs de spéléologie ont découvert diverses galeries où se perpétuent les secrets et les légendes de ce massif rocailleux, premier contrefort de la Montagne Noire.

Le dernier soubresaut des Pyrénées

À voir les Corbières parsemées de belles ruines de châteaux médiévaux, on ne peut imaginer qu'un autre paysage aurait pu prêter son cadre à ces hiératiques sentinelles. Dans cette région ardente et sèche, aux horizons pierreux, il n'est piton ou escarpement qui ne s'arme d'une muraille. Les repaires fortifiés trouvèrent là des sites à leur mesure. Sous le soleil brûlant, la couleur de ces nids d'aigle se confondait avec celle de leur socle. Et, dans une nature où s'imbriquent inextricablement cols et vallées, tout favorisait tandis que celui des cathares était réduit en cendres, le texte de Dominique s'envola et se posa sur une poutre, face à la cheminée de la salle des débats. La poutre est pieusement conservée aujourd'hui et suspendue par des chaînes à la voûte de l'église de Fanjeaux, construite soixante-dix ans plus tard (la scène de cette épreuve du feu a été immortalisée par une fresque de Fra Angelico).

Aux pieds de Fanjeaux se trouvait le *monastère de Prouille*, fondé pour accueillir les femmes cathares converties, formant ainsi l'ordre des Dominicaines. Malheureusement, le couvent construit en 1206 fut détruit au XVIIIᵉ siècle. Il est aujourd'hui remplacé par un sanctuaire d'un affligeant style romano-byzantin, coiffé d'une coupole à lanterne. Cette basilique est chargée de rappeler que

saint Dominique institua en ces lieux la dévotion au Rosaire.

C'est à *La Tour*, près de Montréal, que se situe une fontaine miraculeuse où est évoquée la célèbre scène des épis sanglants. À *Fanjeaux*, le Segnadou (le signal) de Dominique, un édifice à clocheton, rappelle que, le 22 juillet 1206, le saint eut une vision : un bloc de feu tombant dans la plaine lui indiquait le lieu où il devait construire un monastère, celui de Prouille. Près de celui-ci, dans un chemin creux nommé « chemin de Sicaire » en souvenir d'un guet-apens tendu par les cathares à Dominique, s'élève une croix car, « miraculeusement », les hommes chargés de se débarrasser du redoutable prédicateur se souvinrent que Dominique souhaitait le martyre et renoncèrent à leur projet. ■

▲ *Le moderne monastère romano-byzantin de Notre-Dame de Prouille.*

La récompense de la châtelaine d'Arques

À quelques kilomètres à vol d'oiseau, un belvédère et un donjon. Tous deux au nord-est de Quillan, tous deux chargés d'histoire.

Le belvédère c'est *Rennes-le-Château*, auquel on accède par un chemin : celui qu'empruntèrent les Wisigoths au temps où l'antique Rhedae était capitale du Razès. Il ne demeure rien de la cité, qui disparut totalement au XIIᵉ siècle. Rien, sinon la légende d'un trésor qu'aurait mystérieusement découvert, jadis, le curé du village...

Quant à Rennes-les-Bains, station thermale qu'appréciaient déjà les Romains, elle s'allonge au fond de la vallée, au bord de la Sals, et, par la diversité de ses sources, offre aux rhumatisants et aux malades de

Construit sur un mamelon, Aguilar était le plus vulnérable ▼ *des « fils » de Carcassonne.*

l'installation d'un considérable réseau défensif, réseau d'autant plus justifié que les marches d'Espagne n'étaient évidemment pas loin.

Entre l'Aude, l'Agly et la mer, le massif des Corbières prolonge les Pyrénées vers le nord. Étrange pays au relief chaotique difficilement pénétrable, aux crêtes souvent aiguës, aux à-pics vertigineux. La terre y est rude — elle ne reçoit pas 600 mm d'eau dans l'année — et se craquelle entre les pierres. Le chêne vert est l'un des rares végétaux à s'accommoder d'une telle sécheresse. Les quelques bois qui s'étaient implantés dans les zones calcaires ont disparu, détruits par l'homme : ce ne sont plus aujourd'hui que d'humbles garrigues que, dans le pays, on appelle *rascles*. Ailleurs, la roche stérile reste obstinément nue. Des paysages plutôt chauves dans l'ensemble, auxquels genêts et asphodèles, lavande et thym donnent toutefois un charme discret. La vie semble absente de ces montagnes. Et il n'est pas rare d'apercevoir ici ou là un village abandonné.

Si le sol est ingrat sur la majeure partie du massif, il s'y trouve néanmoins des endroits où l'occupation humaine a pu se faire. Car des rivières l'entaillent et l'empêchent d'être un véritable désert. L'Orbieu, la Berre y prennent leur source, l'Agly et le Verdouble arrosent le Sud. L'homme, après avoir déboisé, reboise, et des forêts, le plus souvent de résineux, surgissent dans les bassins de l'Aude inférieure, de l'Orbieu, de l'Agly supérieur, dans la montagne d'Alaric, à l'est de Carcassonne, où l'on a introduit des pins noirs d'Autriche. Au bord des rivières, là où leur lit n'a pas creusé de sauvages défilés (telles les belles gorges de Galamus), sur les parties hautes, où l'élevage est possible ainsi que quelques cultures de céréales ou de fruits, dans les dépressions et les vallées qui s'ouvrent sur la plaine roussillonnaise et sont devenues le fief de la vigne, les Corbières concentrent tout ce qui leur reste de vie, gardant aux terres de l'intérieur, âpres et sauvages, une nature à peine effleurée par l'homme.

Les « cinq fils » de Carcassonne

Si la Cité de Carcassonne donne, par son ampleur, une impression de force et de puissance tranquilles, si elle reconstitue un décor médiéval surprenant, anachronique et intact, ses « fils » se présentent à nous sous la forme de ruines superbes. La solitude qui pèse sur ces pierres meurtries, dressées ou allongées au sommet des montagnes, leur confère une noble grandeur. C'est que les « cinq fils » de Carcassonne — *Termes, Puilaurens, Peyrepertuse, Quéribus* et *Aguilar* — sont parmi les plus extraordinaires châteaux de montagne. Fantastiques nids d'aigle devenus, selon l'heureuse formule de l'écrivain régional Michel Roquebert, des « citadelles du silence », ces

constructions féodales sont en général d'une incroyable audace.

Le paysage a-t-il tellement changé depuis que les croisés de Simon de Montfort voyaient, au cœur même des Corbières, une silhouette émerger des garrigues, celle du château de *Termes*, dont Pierre des Vaux-de-Cernay, chroniqueur de la croisade, disait qu'il était « d'une force étonnante et incroyable », ajoutant, à propos des rochers si hauts des alentours, que « si quelqu'un voulait accéder au château, il lui fallait d'abord se précipiter dans l'abîme, puis, pour ainsi dire, ramper vers le ciel ». Reportons-nous en ce début d'août 1210, quand Simon de Montfort et ses hommes commencent le siège de Termes. Une armée impressionnante s'est massée dans le fracas des machines que l'on monte et qui vont catapulter des blocs de pierre sur la citadelle, défendue par son seigneur, Raymond de Termes, entouré d'une vingtaine de chevaliers et de cinq cents routiers venus de Catalogne. Près de cent vingt jours dure le siège, compliqué d'innombrables péripéties. Difficulté de ravitaillement pour les la peau l'espoir de la guérison.

Le donjon, lui, est l'un des plus beaux que nous ait légués le Moyen Âge. Il se dresse à *Arques*, tout contre les vestiges du château. Magnifique spécimen de l'architecture militaire médiévale, il a été bâti à la fin du XIIIe siècle et comporte d'innombrables meurtrières. Œuvre d'une remarquable maîtrise, ce donjon a été conservé dans un état tel qu'il fait l'admiration des spécialistes. Carré, il élève à une vingtaine de mètres de hauteur ses pierres patinées par le temps, devant lesquelles échouèrent les Espagnols qui, en 1544, attaquèrent le château d'Arques défendu par sa châtelaine. Elle reçut en récompense des bouteilles de blanquette de Limoux, qui entrait ainsi dans l'histoire : un acte officiel fait état de ce don. ∎

▲ *Seul survivant d'un passé glorieux, l'indestructible donjon du château d'Arques.*

Le village de Termes vu des ruines de la forteresse, campée sur un escarpement ▼ *de la vallée du Sou.*

Pour les fins gourmets

À la recette initiale du *cassoulet*, qui comporte essentiellement des haricots, de la couenne de porc, du porc frais, du saucisson de pays et du cou d'oie farci ou du confit, Carcassonne (l'une des trois patries du cassoulet et celle du célèbre gastronome Prosper Montagné, qui y naquit en 1864) adjoint un gigot de mouton et une ou plusieurs perdrix. Toutefois, d'autres spécialités méritent une mention : la *cargolade* (escargots au vin), le *pot-au-feu* alliant bœuf et mouton, lard, chou farci et haricots blancs, la *poularde poêlée* au saupiquet... Sans oublier quelques friandises dont les *bras-de-Vénus* (sorte de gâteaux dont Narbonne revendique aussi la spécialité), les *nougats* et les *tourons* confectionnés avec le miel local. ∎

assiégeants. Manque d'eau pour les assiégés. Ceux-ci, frappés de dysenterie après une pluie torrentielle qui a empli d'eau les citernes polluées, doivent évacuer le château. Ils fuient tous, mais Raymond de Termes y revient seul, pour chercher, dit-on, des bijoux précieux oubliés : il se fait prendre et ira mourir dans le cachot des Trencavel, à Carcassonne.

Passé entre les mains du roi de France, Termes fait semblant de monter la garde à la frontière d'Espagne jusqu'au XVIIe siècle, où sa démolition fut officiellement décrétée. « Un maître maçon de Limoux obtint l'adjudication et démantela la forteresse à coups d'explosifs pour la somme forfaitaire de 6 200 livres auxquelles il fallut ajouter 6 800 livres d'indemnités au sieur de Lagarde en dédommagement... Plus les frais d'actes et de voyages d'ingénieurs. Total : 14 922 livres 10 sols. L'histoire de Termes s'achève sur cette facture... » (M. Roquebert). Et le silence s'établit sur la forteresse envahie par une épaisse végétation.

Ces ruines mélancoliques sont précédées de celles de *Durfort*, aux tours crénelées, aux murailles posées sur un socle abrupt et boisé, tandis qu'à l'est, un autre château flanqué de tours rondes, celui de *Villerouge-en-Termenès*, semble avoir été mieux conservé. Ancienne demeure des archevêques, solidement fortifié, il servait de refuge aux populations. En fait, Termes, Durfort et Villerouge tenaient la vallée de l'Orbieu, mais c'est Termes qui commandait l'ensemble du pays de Termenès, dont les seigneurs furent longtemps en conflit avec les abbés voisins de Lagrasse.

Aux frontières du Roussillon

Il faut gagner la partie sud des Corbières, aux frontières du Languedoc et du pays catalan, pour rencontrer les sentinelles avancées de Puilaurens, Peyrepertuse, Quéribus et Aguilar qui s'échelonnent d'ouest en est.

Entre Quillan et Saint-Paul-de-Fenouillet, au fil d'une route qui court le long de la forêt des Fanges, vaste sapinière de plus de 1 000 ha qui pare les crêtes au sud-ouest des Corbières, on découvre le pittoresque défilé de Pierre-Lys dont le dernier tunnel, « le trou du Curé », a été percé au pic et à la pioche, il y a près de deux siècles. C'est, aujourd'hui, l'une des plus belles promenades de la région, le long du cours torrentueux de la rivière, entre deux murs de rochers où ne s'agrippent que de rares buissons. Du village de Lapradelle, l'accès au solitaire château de *Puilaurens* est aisé. Le site en a fait un poste d'observation exceptionnel : les voies de passage se dessinent à quelques centaines de mètres en contrebas, cependant que le plus haut sommet des Corbières, le pic de Bugarach, se profile, tout proche. L'ingénieux système de défense de ce château construit au XIe siècle, remanié et transformé par la suite, le donjon carré, entouré d'une vaste enceinte crénelée, ponctuée par quatre tours rondes, lui donnent encore une belle allure féodale. On ne peut que s'étonner de l'audace des « techniciens » qui édifièrent la muraille au bord même du ravin, qu'il s'agisse des architectes qui conçurent le projet ou des maçons qui le réalisèrent.

Plus à l'est, sur la première muraille des Corbières du Sud, s'élève le château de *Peyrepertuse*, autre « fils » de Carcassonne. On y accède en partant de Saint-Paul-de-Fenouillet (dont le nom apporte déjà tout le parfum du Roussillon) par une route qui s'élève au-dessus de basses collines colorées de vignes et pénètre dans une brèche qui tranche d'un coup la muraille blanche. Les impressionnantes gorges de Galamus aux à-pics vertigineux, piqués de genévriers, sont parmi les plus profondes de France, mais aussi parmi les plus méconnues. On y découvre une grotte-chapelle où les jeunes filles en quête de mari

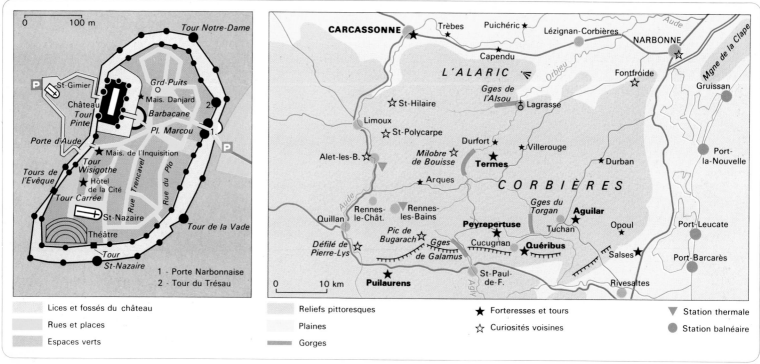

venaient, suivant la coutume, sonner la cloche. Chaque lundi de Pâques s'y déroule encore un pèlerinage fort suivi. Passant du village de Cubières à celui de Soulatgé, puis à Rouffiac-des-Corbières et à Duilhac, on entre dans un paysage quasi lunaire, au milieu duquel une cité morte est juchée sur une longue crête de calcaire blanchâtre qui, par endroits, forme des à-pics de 100 m. Plus de 7 000 m² de constructions, étirées en plein ciel : la plus surprenante des forteresses. On conçoit facilement le découragement des troupes venues au XIIIᵉ siècle attaquer Peyrepertuse (la « pierre percée ») lorsqu'elles découvraient la « Carcassonne céleste ». Le village de Soulatgé est à 392 m d'altitude, le col par lequel on y accède à 445 m et Peyrepertuse domine à 797 m.

Épousant la plate-forme rocheuse, l'enceinte entoure une cour dont un angle est occupé par les restes du château primitif, un donjon et une chapelle que Saint Louis fit surmonter d'un chemin de ronde. Au bout, sur un énorme rocher, se dresse le donjon San Jordi. Trente

marches ont été taillées à même l'impressionnante paroi verticale (à-pic de 80 m) : il n'en est nulle part de semblable, ni d'aussi vertigineux; et l'ascension n'en est guère indiquée les jours de grand vent.

Du sommet du donjon, le panorama est superbe sur l'ensemble fortifié et sur les alentours. Cette forteresse frontière pouvait, dit-on, contenir un millier d'hommes et, du fait de sa situation, il n'est pas surprenant qu'elle n'ait jamais été prise.

Quéribus, sentinelle face au Canigou

Toujours perché sur les contreforts sud des Corbières, non loin du petit village de Cucugnan, rendu célèbre par Alphonse Daudet, un autre château, non plus accroupi sur la montagne mais dressé bien haut dans le ciel (730 m), surveille, inlassable vigie, l'immense et riche plaine du Roussillon qui s'étale à ses pieds. De l'orgueilleux donjon de *Quéribus,* on voit non seulement la courbe bleue de la côte méditerranéenne et les rives de l'Agly bordées de vergers, mais encore, en grandiose toile de fond, la masse du Canigou que l'hiver coiffe de neige.

L'histoire de Quéribus commence quand son seigneur, Chabert de Barbaira, y accueille les derniers hérétiques cathares. Assiégé, mais non vaincu, Quéribus est livré en 1255 : Chabert tombe dans un guet-apens tendu par son ancien compagnon, Olivier de Termes. Ici — et non à Montségur, onze ans plus tôt — s'achevait enfin le drame qui avait ensanglanté le Languedoc... Franchies les défenses avancées et l'entrée protégée par des canonnières, on voit le donjon polygonal avec sa salle unique aux murs parfois larges de 7 m. Surprenante salle qui est, en fait, la chapelle. Au centre, un élégant pilier se déploie, tel un palmier, et ses feuilles forment les nervures de la voûte gothique.

Quant au cinquième « fils » de Carcassonne, il ne nous en reste que des ruines; *Aguilar,* qui surveillait l'ennemi venant du sud-est, a été construit, lui aussi, sur une éminence, qui n'est nullement comparable aux rochers de Peyrepertuse ou Quéribus, ses voisins, puisqu'elle n'atteint que 180 m. Autour du donjon polygonal construit à la fin du XIIᵉ siècle, Saint Louis avait fait édifier une enceinte flanquée de six tours rondes. Abandonné au XVIᵉ siècle au profit de Leucate, Aguilar ne présente plus, de nos jours, que quelques beaux fragments d'architecture militaire. À son pied existe encore une grande muraille, celle de l'enceinte fortifiée de Domneuve, où les populations environnantes se réfugiaient lors des combats. Plus loin, à 1 km, on peut voir la tour du château de Nouvelles qui flanquait Aguilar vers le nord-est : c'était une possession de l'abbaye de Lagrasse.

▲ *Hautes parois verticales creusées par l'Agly, les gorges de Galamus.*

côte Vermeille
et littoral languedocien

◄ *Banyuls-sur-Mer,*
réputée pour
son vin doux naturel,
s'étend entre
une longue plage
et des collines plantées
de vignes en terrasses.

À partir d'Argelès-Plage, ►
que l'on voit ici de Collioure,
la côte devient
un plat ruban de sable
jusqu'à la Camargue.

Commandé par le fort Béar,
Port-Vendres, le plus ancien
des ports du Roussillon. ▼

*U*ltime ressaut de l'échine pyrénéenne,
les Albères s'achèvent sur la Méditerranée par un rivage
où alternent conques rocheuses et farouches promontoires.
Au pied des pentes vêtues de chênes-lièges, de maquis et de vignes,
se nichent des ports accueillants, hauts en couleurs.

◄ *La Grande-Motte :*
rigide structure de béton,
enchevêtrement de lignes courbes.

Les pêcheurs de Collioure ► ►
font sécher leurs filets
sur la plage Saint-Vincent.

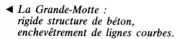
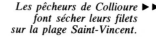

▲ *Entre Perpignan et Narbonne,
les marinas de Port-Barcarès,
accueillantes aux voiliers.*

Thau, le plus vaste des étangs ▶
*de la côte languedocienne :
on y pratique l'élevage des huîtres.*

6. Côte Languedoc-Roussillon

*Le vieux bourg de Gruissan ▲
serre ses maisons en rond
au pied des ruines
de la tour Barberousse.*

*Au-delà d'Argelès-sur-Mer, la côte file vers l'horizon,
uniformément plate.
Univers d'étangs et de bouches de fleuves endormis,
où de pittoresques villages de pêcheurs
voisinent avec les plus modernes stations balnéaires.*

▲ *De l'embouchure de l'Aude
à celle de l'Orb,
s'étend Valras-Plage,
très voisine de Béziers.*

◀ *Entre la mer et l'étang de Mauguio,
de Carnon-Plage à La Grande-Motte,
du sable à perte de vue.*

Les singulières pyramides ▶
*de l'architecte Balladur
et le port de plaisance
de La Grande-Motte.*

*Pages suivantes :
Tel un tableau abstrait,
les alvéoles des pyramides
de La Grande-Motte.*

*Comme à travers une lorgnette,
le port de La Grande-Motte
et ses bateaux alignés au cordeau.*

*Long cordon de sable
frangé de dunes,
mélancoliques lagunes
peuplées d'oiseaux,
terre écrasée de soleil
et balayée par le vent,
le littoral languedocien,
longtemps voué
au tourisme dominical
et familial,
se veut aujourd'hui,
avec ses installations
d'avant-garde,
une « nouvelle Floride ».*

▲ *Du sommet au cap Béar,
auquel mène une route en lacet,
la vue s'étend loin
sur la côte Vermeille.*

*D*u petit chaînon des Albères à la pointe de l'Espiguette, sur quelque 200 kilomètres, le littoral méditerranéen, tout entier offert à la lumière, déroule des paysages tour à tour nuancés et chatoyants, doux et âpres, où la vigne et la garrigue composent une toile de fond à la fois joyeuse et farouche. Des criques solitaires enserrées par de hautes falaises, l'univers mélancolique des bouches de fleuves — là où, au milieu des joncs et des roseaux, les engloutit l'« hydre absolue, ivre de sa chair bleue » (Valéry) —, de longues plages de sable fin, semées de tamaris et de salicornes, des lagunes miroitantes peuplées de foulques, de hérons et de flamants : le rivage du golfe du Lion réunit bien des séductions des pays maritimes. Certains crurent y retrouver l'Italie, d'autres y reconnurent l'atmosphère de l'Hellade, quelques-uns, tel André Gide, le comparèrent à la Palestine. En fait, il n'est que lui-même, ce qui est beaucoup.

Tantôt affouillé au vif de la montagne, comme la côte Vermeille, tantôt largement ouvert à la Méditerranée lorsqu'il ourle la plaine roussillonnaise, tantôt plat à l'infini mais scintillant d'étangs dès qu'il devient la frange côtière du bas Languedoc, ce bord de mer joint aux particularités du Midi (pureté du ciel, ensoleillement) un attrait spécifique, mélange d'exubérance et de gravité qui affleure jusque dans son visage nouveau, adapté aux exigences d'un tourisme moderne.

Un joyau de vermeil

Sur une trentaine de kilomètres, entre Cerbère et Argelès, les contreforts des Pyrénées viennent mourir dans la mer. C'est le massif des *Albères,* qui fait office de frontière avec l'Espagne. Modeste chaîne, certes : elle culmine au pic de Neulos à 1 256 m, et le col du Perthus, qu'emprunta jadis Hannibal et où s'engage à l'heure actuelle la grande voie Narbonne-Barcelone, n'atteint que 271 m. Mais plane un charme certain sur ses paysages un peu rudes de maquis et de forêts de chênes-lièges. Au-dessus du bleu intense de la Méditerranée, l'ocre et le fauve des falaises, avec lesquels joue l'or chaud de la lumière du soir, ont valu au rivage l'appellation colorée de « côte Vermeille ». Une route, accrochée au rocher, entre ciel et mer, révèle de vastes horizons marins, en même temps que les fantaisies de la nature : criques plus ou moins profondes, festonnées de sable ou de galets, caps sans cesse battus par les flots... Dans ce cadre minéral, dénudé, se sont implantées des petites cités lumineuses, discrètes, où rien ne semble avoir bougé depuis des siècles.

Blottie entre le cap Cerbère et le cap Canadel, *Cerbère* vit à l'heure internationale avec son énorme gare que la beauté de la baie réussit à faire oublier. Les blanches maisons fleuries du bourg, les terrasses animées des cafés évoquent l'Espagne, annoncent la France. Plus au nord, *Banyuls-sur-Mer* a choisi pour s'abriter la protection du cap l'Abeille, qui offre au visiteur un magnifique point de vue sur la côte catalane. La patrie d'Aristide Maillol a un peu oublié sa vocation première de port de pêche au profit du tourisme qui, de longue date, en a fait une station fréquentée, mais aussi au profit d'activités viticoles qui lui ont procuré quelque renommée. Car, des hauteurs des Albères jusqu'à la mer, règne un vignoble méticuleusement entretenu, seule culture possible dans cet univers de pierrailles et de landes qu'embaument les cistes. Comme dans tout terroir vigneron, les gens de Banyuls sont hospitaliers, joyeux, constamment prêts à danser la sardane aux sons de la musique des coblas. Les rues sinueuses de la vieille ville, sa promenade ombragée, son port coloré par les dernières barques de pêcheurs ajoutent à son agrément. Et, puisque la mer est, dans cette région, omniprésente, l'on y a créé le laboratoire Arago, qui dépend d'une université succédant à l'ancienne Sorbonne et du C. N. R. S., et spécialisé dans l'étude de la biologie marine. Un superbe aquarium y réunit de nombreux et intéressants spécimens de la faune méditerranéenne.

En se rapprochant de la plaine roussillonnaise, le paysage tend à s'adoucir. Les fonds paraissent moins insondables, les criques moins sauvages, les falaises moins escarpées. Au-delà de *Port-Vendres,* sis non loin du cap Béar — le dernier des promontoires vertigineux de la côte Vermeille —, la vigne cède lentement la place aux vergers et aux pins. L'ancien « port de Vénus », dont la fortune repose sur la navigation de commerce, a été rénové par l'installation de nombreux chalutiers rapatriés d'Algérie, et il s'ouvre de plus en plus au yachting. Mais ses abords, dévorés par les équipements portuaires, ne se prêtent guère à la baignade, ce qui toutefois n'enlève rien à l'attrait du site.

Sans doute, la séduction de *Collioure* est-elle plus profonde. Bien des artistes s'y laissèrent prendre. Juan Gris, Picasso, Matisse, Derain, Dufy, Marquet, Braque aimèrent sa quiétude, sa lumière, la douceur de ses couleurs. Au pied des derniers ressauts des Albères, ses maisons aux toits de tuiles rondes, or et pourpre, épousent la gracieuse courbe de la baie où se nichent ses deux ports : le port du Faubourg et le Vieux-Port, envahi par la nostalgie des grands voiliers d'autrefois. Les quartiers anciens, aux escaliers de schiste qui descendent vers la mer, les imposantes murailles du château Royal, élevé au XIIe siècle par les rois de Majorque pour assurer la défense du port et, plus tard, fortifié par Vauban, le fort du Miradou, qui domine la bourgade, nous disent l'histoire de l'antique *Cauco Illiberis,* place forte disputée par la France et l'Aragon, cité marchande qui commerça avec Venise, Florence et Gênes, colonie de pêcheurs qui se consacra à l'industrie de l'anchois. Mais le monument le plus

Aux sons de la cobla

De juin à septembre, Perpignan vit à l'heure de la *sardane*. Sur le dallage de marbre rose de la place de la Loge, devant l'hôtel de ville, se forment les rondes concentriques qui, au gré de la mélodie jouée par la *cobla* (l'orchestre), s'animent et oscillent dans un mouvement plus ou moins vif, dans un élan toujours ordonné et presque aérien. Les épaules et la tête restent droites, le corps vertical sans le moindre déhanchement. Les bras se lèvent haut ou s'abaissent en fonction du rythme. « Pointés », « posés », « sautillés », translations latérales, etc., régissent la danse, tour à tour joyeuse et grave, bondissante et calme. Infinité de nuances répondant à la diversité des thèmes. Car la sardane puise sa matière aussi bien dans la légende que dans la poésie pastorale, dans l'amour que dans l'attachement au terroir, dans la glorification d'une cité que dans celle d'un personnage.

Sur bien d'autres places, à l'ombre des platanes ou dans la douce lumière du soir, s'installe souvent le même spectacle. Et à travers la spontanéité de la danse et du chant — de ce chant dont le compositeur Déodat de Séverac disait : « C'est l'âme du pays exprimée en musique » — se perpétue une tradition vieille de plusieurs siècles. Variété de ronde originaire de Cerdagne, la sardane aurait, en effet, été dansée dans toute la Catalogne depuis le XVIᵉ siècle. Sans doute avait-elle alors un caractère solennel et sacré, comme le *contrapas*, danse exécutée en chaîne par des hommes et dont elle est

→

▲ *Les maisons aux toits colorés du vieux Collioure épousent la courbe de l'étroite baie où se nichent les deux ports.*

Le Castillet de Perpignan protégeait contre l'ennemi et en imposait à une ville
▼ *souvent frondeuse.*

populaire de Collioure, parce qu'il participe au pittoresque du cadre, et figure sur des centaines de tableaux et des milliers de « croûtes », demeure l'église, bâtie au XVIIᵉ siècle, qui jouxte une tour arabe dont elle fit son clocher. Celle-ci, baignée par la mer, avait auparavant servi de phare, puis de prison; son long dôme rose est universellement connu. Lourde et austère, l'église abrite un véritable trésor : neuf retables somptueux, d'une richesse de décoration et d'une perfection dans le détail rarement égalées. Le plus étonnant, celui qui orne le maître-autel, a été exécuté par le sculpteur catalan Joseph Sunyer dans les dernières années du XVIIᵉ siècle.

Après l'harmonieux paysage colliourenc, les rochers de la côte Vermeille vont à la rencontre du ruban de sable qui s'étire ensuite jusqu'à la Camargue. C'est à Argelès que se fait la transition. Là s'achève l'univers de la montagne, avec son littoral découpé, son arrière-pays de vallons solitaires (tel celui où s'est établi l'ermitage de Notre-Dame-de-Consolation), commandé en ses points stratégiques par les forts et les tours de guet d'autrefois (tour Madeloc, tour de la Massane, fort Saint-Elme) — d'où l'on découvre de larges panoramas — et semé de mas qui fondent la couleur de leur pierre dans celle des collines sèches. Là débute un nouveau monde, celui des horizons dont les seuls reliefs, ou presque, sont les tours et les pyramides de l'adoration du Soleil.

Capitale d'un royaume : Perpignan

La plaine côtière du Roussillon, la plus méridionale de France, est de ces terres paludéennes qui, saturées d'eau, exhalent dans la chaleur torride de l'été des vapeurs diffuses. Et avec elle s'amorce la longue série d'étangs qu'un mince lido de sable sépare de la mer. Paysages d'eau et de lumière où s'estompent les contours. Le Tech, la Têt, l'Agly viennent s'y perdre dans la Méditerranée par des embouchures imprécises. À l'horizon, côté ouest, partout s'impose la silhouette du Canigou, montagne sacrée des Catalans.

C'est une région qui, comme son prolongement vers le sud — la côte Vermeille —, occupe une place un peu marginale : ce n'est pas encore l'Espagne, et ce n'est plus tout à fait la France. C'est une région de vins, de primeurs, d'arbres fruitiers, qui, à la différence du rivage languedocien, qu'elle préfigure, n'a jamais été totalement oubliée. Le tourisme y est ancien. Mais elle méritait d'être mieux équipée. Aussi fut-elle intégrée au plan d'aménagement qui, à partir de trois stations balnéaires « spontanées » (Argelès, Saint-Cyprien, Canet-Plage), sur une vingtaine de kilomètres, organisa une vaste unité touristique. Aux confins du massif des Albères, parmi les pins et les chênes-lièges, *Argelès-Plage*, la station la plus méridionale de la proche. À partir du XIXe siècle, elle fut introduite dans le folklore profane, dotée de règles rigoureuses et enrichie d'un large répertoire grâce à des compositeurs tels Pep Ventura (1817-1875), Joseph Serra (1874-1939), Juli Garreta (1875-1925), Enric Morera (1863-1942). Et, aujourd'hui, des danses catalanes la sardane est la reine.

La cobla, pour être complète, se compose de douze instruments : 2 *tenores*, 2 *primes* (aussi appelés *tibles* ou *tiples*), 2 *fiscorns*, 2 trompettes à pistons, 1 contrebasse, 1 trombone, 1 *flabiol* (« flutiau de pâtre », ou flageolet à sept trous) et 1 *tambori* (tambourin). Plus particulièrement catalanes, la *prima* et la *tenora* sont des instruments de bois de la famille des chalumeaux. Le premier, qui évoque le hautbois, se prête surtout, par son

▲ *Formes amples et lignes souples, « la Pensée » de Maillol orne la cour de l'hôtel de ville de Perpignan.*

timbre plus aigu, aux allegrettos. Le second, pourvu d'un pavillon de cuivre, produit des accents plus éclatants, des sons plus chauds ; il est l'élément premier de l'orchestre. ■

Le chantre de la femme catalane

Ce pays où la montagne se marie harmonieusement avec la mer, cette côte Vermeille, rocheuse et déchiquetée, qui n'est pas sans évoquer, par sa lumière et son âpreté, certains paysages de la Grèce, tout l'œuvre d'*Aristide Maillol*, avec ses lignes vigoureuses, ses formes puissantes, son amour sensuel de la nature, semble en porter la marque. Car c'est à Banyuls-sur-Mer que naquit, le 8 décembre 1861, le célèbre artiste.

France continentale, allie le pittoresque de son vieux village à l'agrément de son immense étendue de sable, de ses espaces verts et de son port qui compte 500 postes à quai ; c'était, c'est encore, la plus grande concentration de terrains de camping de France... *Canet-Plage* est, par excellence, la station des Perpignanais, qui en apprécient le sable, le port de plaisance et l'animation nocturne. Mais la sollicitude des réalisateurs du projet d'aménagement s'est surtout portée sur *Saint-Cyprien-Plage,* cet ancien village de pêcheurs qui sommeillait au bord du sable blond. La station nouvelle couvre 240 ha, offre 28 000 lits dans de grands immeubles découpés en arcades, et dans des villas, dissimulées au milieu des pins, des cyprès et des tamaris. Un ensemble coquet, propre, coloré. Son port, devenu l'un des plus importants du Languedoc-Roussillon, offre 1 000 postes à quai. Et Saint-Cyprien reste ouvert pendant l'hiver pour accueillir les skieurs qui viennent se reposer de leur journée à Font-Romeu, en contemplant la mer ou en s'adonnant à la pêche au lamparo.

Mais ce visage moderne du Roussillon ne saurait faire oublier que ce terroir connut un riche passé. Maints souvenirs nous en restent ; le plus prestigieux est sans conteste la cathédrale Sainte-Eulalie dont s'enorgueillit la petite cité d'*Elne,* à quelques kilomètres au sud-ouest de Saint-Cyprien. C'est là l'une des merveilles de l'art roman. S'ajoute à la pureté de son architecture, à la sobre élégance du cloître qui la jouxte — ce dernier étant, à lui seul, un joyau par ses sculptures —, la beauté du site, baigné d'une lumière « grecque ». Il y a dans ces paysages roussillonnais quelque chose de doré, de chaud, de rassurant. Et, malgré l'intrusion du monde moderne, l'on sent que les choses ne sont pas près de changer. Ainsi la vieille cité de *Perpignan* a-t-elle survécu, fidèle à ses traditions, telle que l'ont édifiée les grands siècles de son passé. Aurait-elle eu pour fondateur un bouvier du nom de « père Pinya » qui aurait, à cet emplacement, installé son foyer ? Cela appartient à la légende. L'histoire retient son épanouissement au Moyen Âge, avec l'essor des « pareurs » de draps qui traitaient les étoffes, venus de la région et de bien plus loin (Paris, Bruxelles...). Capitale du royaume de Majorque — le temps que dura cette brève dynastie —, Perpignan fut ensuite rattachée au principat de Catalogne, doté, au sein du royaume d'Aragon, d'une grande autonomie. Puis, convoitée par la France, dont elle subit les assauts répétés et qui l'obligea à deux reprises à capituler, elle lui fut définitivement intégrée par le traité des Pyrénées (1659).

Sur ses vieux murs se déchiffre le destin du Roussillon. S'il ne reste guère de vestiges de son enceinte fortifiée, on peut encore admirer le *Castillet* et le *palais des rois de Majorque,* tous deux forteresses médiévales. Le premier, bâti en brique rose, couronné de créneaux et de mâchicoulis, fut érigé par Pierre IV d'Aragon au XIVe siècle. Il y a une dimension irréelle dans cette citadelle, une couleur presque

Souvenir du temps où Perpignan fut capitale, le royal palais et ▼ sa tour carrée d'entrée.

D'une famille de marins et de viticulteurs, venu à la sculpture après des études à l'école des Beaux-Arts de Paris et une expérience de la tapisserie à Banyuls, il resta profondément attaché à sa terre natale, et jamais la gloire n'estompa son goût des choses simples et rustiques.

En réaction contre l'impressionnisme, tout comme Charles Despiau et Antoine Bourdelle, Maillol tenta de retrouver la sobriété et l'équilibre de la statuaire antique, et il a laissé des œuvres dépouillées, au charme tranquille, parfois grave. La femme y tient une place importante; ne la considérait-il pas comme « la merveille du monde et une joie perpétuelle »? Ses grandes figures (dont 17 parmi les plus belles décorent le jardin des Tuileries), ses

▲ *Cœur de la cité perpignanaise, jadis siège d'un tribunal de négoce maritime, la Loge de Mer.*

Baigneuses radieuses de jeunesse et de joie de vivre constituent un véritable hymne à la beauté féminine.

Banyuls, où le sculpteur mourut le 27 septembre 1944, garde de lui maints souvenirs. Près de la vallée de la Baillaury, à trois kilomètres de la vieille cité, se trouve le mas de Maillol, qui y est enterré; son tombeau est surmonté de sa belle statue *la Pensée*. Dans l'île Grosse, reliée au rivage par une jetée, le monument aux morts de la Grande Guerre est de l'artiste et, sur le front de mer, une stèle est gravée d'un médaillon à l'effigie de l'enfant illustre.

Dans les environs, d'autres traces encore de Maillol : à Port-Vendres et à Céret (Vallespir), des monuments aux morts; à Perpignan, des statues. ■

orientale. Elle abrite aujourd'hui le musée catalan des Arts et Traditions populaires du Roussillon. Quant au second, dont la construction entreprise au XIIIᵉ siècle par Jacques Iᵉʳ d'Aragon fut poursuivie au XIVᵉ, il fut noyé dans la masse de la citadelle que forgèrent les siècles ultérieurs, plus soucieux de défense militaire que de beaux monuments. Extrait de sa gangue, il a retrouvé son aspect premier, l'équilibre de ses proportions, l'élégance raffinée de ses ogives, de ses rosaces, de sa chapelle Sainte-Croix... Il dégage une impression de puissance et de sérénité.

Perpignan, c'est aussi l'admirable *cathédrale Saint-Jean* qui a été construite aux XIVᵉ et XVᵉ siècles, en un lieu où plusieurs sanctuaires avaient été successivement élevés. Son vaste vaisseau, de style gothique méridional, aux lignes dépouillées, contraste avec la richesse du mobilier, notamment les retables de bois doré où se ressent l'influence espagnole. Perpignan, c'est encore la promenade des platanes qui, l'été, gardent la fraîcheur; de vieux murs ocrés par le soleil; des pelouses et des bassins parmi lesquels il fait bon flâner; des églises qui, pendant la Semaine sainte, s'animent de la ferveur mystique de tout un peuple; des logis anciens, fermés sur quelque merveille Renaissance ou XVIIᵉ. Et, surtout, c'est la *place de la Loge*, cœur de la ville depuis des siècles. La Loge de mer (XIVᵉ-XVIᵉ s.), jadis siège d'un tribunal consacré au négoce maritime, l'hôtel de ville (XIIIᵉ s.) et des maisons à auvent lui composent un décor harmonieux. Là, les Perpignanais vivent aux terrasses des cafés, dansent la sardane et célèbrent leurs fêtes.

La « nouvelle Floride »

« Rien de plus simple, de plus net, et de plus lucide qu'un tel site qui n'est fait que de trois éléments : le ciel, le sable et l'eau. L'air y est d'une transparence admirable et la lumière y règne dans toute sa vigueur », ainsi Paul Valéry définissait-il le Languedoc méditerranéen. Le chapelet d'étangs qui forme une lagune presque ininterrompue jusqu'au Grau-du-Roi, les immensités de sable, les vastes espaces naturels habités par d'innombrables oiseaux, leur nudité mélancolique contribuaient à faire de ce rivage un paysage unique en France. Il essaie aujourd'hui de le rester, bien qu'il s'enrichisse désormais du titre — fort controversé — de « nouvelle Floride ».

En effet, longtemps tenue à l'écart des grands courants touristiques, cette côte, avec celle du Roussillon, s'éveille depuis une douzaine d'années aux besoins croissants du tourisme d'été. La métamorphose fut remarquable : lorsqu'en 1963, par décret, fut instaurée une « mission interministérielle », chargée d'étudier un projet d'aménagement du Languedoc-Roussillon et de le mener à

bien, cette région était encore, en grande partie, le domaine de marécages, vaste zone dépourvue d'arbres et de verdure, hantée par les moustiques. Peu de voies d'accès. Quelques cabanes çà et là, qui abritaient des chasseurs ou des pêcheurs. Des petites stations « de banlieue », souvent établies en bordure des « graus », ces chenaux étroits reliant les étangs à la mer. Des ports rares et de faible capacité — ce qui ne favorisait guère la navigation. Des équipements publics en eau et en électricité dérisoires. L'ensemble de ces facteurs peu favorables réservait donc la fréquentation de cette côte surtout aux estivants venus des villes voisines, aux campeurs « sauvages », aux touristes qui partageaient leur temps entre la mer et l'arrière-pays montagneux.

Le plan d'aménagement d'intérêt régional ayant été approuvé en mars 1964, les premiers travaux commencèrent dès l'année suivante. Après avoir engagé et gagné la lutte contre les moustiques, on construisit des stations nouvelles, on amena de l'eau potable, on créa des ports de plaisance, on entreprit de reboiser des milliers d'hectares, on dessina des routes. Du sable stérile jaillit l'un des plus formidables complexes touristiques de la vieille Europe. Les estivants se multiplièrent, la population locale sédentaire s'accrut un peu. Cet engouement peut paraître subit. En fait, il était prévisible, dès lors qu'à tous les charmes de l'arrière-pays et de la civilisation, millénaire, on sut ajouter des stations balnéaires dignes du monde moderne. Les cinq grandes unités touristiques qui jalonnent aujourd'hui la côte, au bord des marais et au pied des vieilles cités, répondent à ce besoin.

De La Grande-Motte à Saint-Cyprien, en passant par Le Cap-d'Agde, Gruissan, Port-Leucate-Port-Barcarès, les paysages ont changé, bien que tout ne soit pas fait, puisque le plan n'est pas achevé. La tâche n'était pas aisée : il fallait accueillir et distraire plus de 2 millions de citadins sur ce littoral, sans lui enlever sa beauté. Le résultat n'est peut-être pas parfait pour l'écologiste ni pour le poète. Pour le commun des mortels qui recherche le soleil, la mer et l'air pur, c'est une réussite.

Au seuil d'un autre univers

Quittant Arles, il faut franchir le pont de Sylveréal et longer les enganes de la Petite Camargue, parsemées de manades de taureaux ou de chevaux. Puis il faut emprunter la route qui vient de Nîmes : elle passe avec respect sous les remparts séculaires d'Aigues-Mortes et suit le canal étroit. Tout au bout du petit village aquatique du Grau-du-Roi commence une autre planète. La première unité touristique du littoral s'étend en effet de la pointe de l'Espiguette à Palavas-les-Flots.

Un haut lieu languedocien

Au sud de Montpellier, sur l'étroit lido reliant Palavas-les-Flots à Sète et séparant de la mer les étangs de Pierre-Blanche et du Prévost, les vestiges solitaires de la *cathédrale de Maguelone* apparaissent auréolés d'eucalyptus, de lauriers-roses et de pins parasols. Les fouilles qui ont mis au jour débris et inscriptions antiques récusent les diverses hypothèses accordant aux Phéniciens ou aux Grecs la fondation de l'ancienne cité de Maguelone. Toujours est-il que, siège d'un évêché dès le VIᵉ siècle, celle-ci ne connut guère que deux siècles de prospérité. Prise par les Sarrasins, elle fut reconquise par Charles Martel qui la rasa totalement afin d'éloigner à jamais l'infidèle.

Toutefois, la cathédrale fut réédifiée au XIᵉ siècle par l'évêque Arnaud Iᵉʳ, à l'emplacement même de l'église primitive. Dès lors, l'évêché brilla d'un nouvel éclat. Les papes y trouvèrent un havre de sécurité à l'époque de leurs luttes contre l'empereur d'Allemagne, et ils en firent une basilique majeure. Une communauté de moines hospitaliers s'y établit (XIIIᵉ-XIVᵉ s.). Disputée par les catholiques et les protestants au moment des guerres de Religion, Maguelone se vit démantelée sur l'ordre de Richelieu (1622), et il fallut attendre plus de deux siècles sa restauration.

Le vaste vaisseau de la cathédrale, d'allure fortifiée, n'a plus ni mâchicoulis ni chemin de ronde. Restent les puissants contreforts et, surtout, un admirable portail dont le tympan (fin XIIᵉ s.) figure le Christ assis, bénissant. Relief plein

▲ *Isolé sur un cordon sablonneux
bordé d'étangs,
au milieu d'un bouquet d'arbres,
ce qui reste de Maguelone...*

*Pelouses semées de fleurs
et de sculptures modernes,
le Point Zéro, centre commercial*
▼ *de La Grande-Motte.*

Il y a quelques années, le village du *Grau-du-Roi,* allongé au bord de son canal, ne s'animait qu'à l'occasion de quelque manège forain ou d'une course provençale disputée dans ses arènes de béton. Le golfe d'Aigues-Mortes et le port du Grau, sous l'apport des courants qui doublent la pointe de l'Espiguette, s'ensablaient doucement depuis des siècles. À l'arrière, marais et étangs interdisaient le moindre rêve aux bâtisseurs. Le Grau recevait l'été son petit contingent d'habitués et, le reste de l'année, les pêcheurs guettaient ceux de Palavas pour savoir s'ils avaient aperçu avant eux les bancs de sardines ou de maquereaux. Jusqu'au jour où des hommes arrivèrent avec leurs plans, leurs chaînes d'arpenteur et leurs niveaux...

Ils commencèrent par lancer une digue afin de détourner les sables, gênants, et décidèrent de faire de cet abri un port d'hivernage, naturellement associé à une opération immobilière : en répétant la chose à La Grande-Motte, quelques kilomètres plus loin, en développant le village de *Carnon* et le petit port de *Palavas,* on constituait un ensemble touristique de premier ordre. Le projet était ambitieux : 80 000 lits, 20 000 places de camping-caravaning, 7 000 places de villages de vacances, 65 000 villas et appartements, 215 commerces, 27 restaurants, 3 000 postes à quai pour bateaux, des hangars, des casinos et des night-clubs. L'étonnement des autochtones fut grand et ne connut plus de limites lorsque l'on annonça que quatre autres unités semblables allaient être réalisées, de là jusqu'à Argelès. On ne parlait que par dizaines de milliers de lits, de villas ou, par milliers, de bateaux. C'est alors que les camions arrivèrent, les pelles creusèrent, les bulldozers défoncèrent, le béton et le goudron coulèrent. Les incrédules virent des ports surgir, des buildings ultramodernes se dresser, des boutiques s'ouvrir, des villas se construire, des villes entières s'installer.

En sortant de la vieille Camargue, que le boom immobilier n'est pas encore parvenu à défigurer totalement, le premier maillon de l'immense chaîne touristique du littoral Languedoc-Roussillon

d'harmonie qui révèle un talentueux artiste de la période romano-gothique. À l'intérieur de l'église, la nef rectangulaire, longue de 40 m, large de 10 m, se compose de trois travées, dont deux sont couvertes par une vaste tribune. Le chœur, décoré avec simplicité, l'abside, flanquée de deux absidioles comprises dans l'épaisseur des murs, ainsi que le maître-autel, orné de deux éventails en plumes de paon— objets liturgiques réservés au souverain pontife pour célébrer la messe —, composent un ensemble assez sévère et recueilli.

La chapelle du Saint-Sépulcre (croisillon nord) et la chapelle Sainte-Marie abritent l'une un sarcophage de marbre aux fines sculptures et un retable en albâtre, l'autre des pierres tombales romaines et médiévales. ∎

▲ *Cimentées sur des lattes de palétuviers, ces huîtres seront immergées dans les eaux du bassin de Thau.*

Pour les amateurs de coquillages...

De Bouzigues à Marseillan, au fond du bassin de Thau, s'étale le domaine des parcs à huîtres. Industrie fort ancienne, semble-t-il. Au temps des Romains, les eaux étaient déjà très généreuses en coquillages et huîtres plates. Et certains prétendent que s'y seraient établies de véritables installations ostréicoles. Mais les grandes invasions tuèrent ces activités qui ne réapparurent que quelque mille cinq cents ans plus tard, vers 1930. Louis Tudesq, originaire de Bouzigues, imagina alors de placer sous l'eau des « tables » en bois de palétuvier sur lesquelles étaient placées les petites huîtres. Ce fut une réussite. Cependant, devant la mortalité qui frappait les huîtres

→

Plage favorite des Montpelliérains, Palavas-les-Flots s'étale ▼ *le long de l'étang de Pérols.*

s'appelle donc *Port-Camargue*, à l'endroit même qui vit les vaisseaux des croisés de Saint Louis partir vers l'Orient des infidèles : on passe sans transition de l'antique Aigues-Mortes aux modernes *marinas*. Celles-ci s'ordonnent autour d'un vaste port de plaisance. La mer est partout présente, et toutes ces constructions donnent sur elle.

La Grande-Motte : Alphaville, les pieds dans l'eau

À 20 km de Montpellier et à peine 40 de Nîmes, adossée à l'étang du Ponant, vaste nappe de 300 ha devenue paradis des sports nautiques, ainsi qu'à celui de Mauguio (ou de l'Or), véritable mer intérieure peuplée d'oiseaux, *La Grande-Motte* constitue le « gros morceau » de cette première unité touristique. Elle est un peu le symbole de tout ce bouleversement. Lorsqu'on arrive du pays des vieilles pierres chaudes et émouvantes d'Arles ou de Nîmes et que l'on découvre l'architecture agressive de La Grande-Motte, on ne peut éprouver qu'une sorte de choc. Cette ville-champignon provoque d'abord l'étonnement. Faire surgir du sable et du marais ces pyramides alvéolées et ces cubes étranges constituait une aventure architecturale indiscutable. Il y avait là une belle tentation, celle de se libérer de l'architecture moderne traditionnelle en essayant d'intégrer l'habitat à la platitude languedocienne, un peu monotone. Chaque architecte, œuvrant en toute liberté à l'intérieur du plan de masse conçu par Jean Balladur, s'est donc libéré de ses fantasmes. « Pour commencer la station, il fallait un noyau dur, qui marquât le paysage de sa présence virile » (J. Balladur). Ce fut le style pyramidal : des volumes harmonieusement équilibrés, des façades dont les lignes jouent entre elles. Mais pour l'achèvement de la station sont prévues des formes plus souples, arrondies, elliptiques, où l'accent sera mis sur les terrasses et l'ouverture sur la mer.

L'ensemble heurte parfois, mais il faut reconnaître que l'estivant y trouve facilité et confort. Et il peut, du haut de ces pyramides sur lesquelles coule le soleil, contempler les cimes bleuâtres des Cévennes au milieu de quelques centaines d'hectares de pinèdes qu'il a l'impression de posséder. Outre tous les modes de logement, du plus luxueux au plus simple, La Grande-Motte lui offre une école de voile, un yacht-club, le ski nautique, des possibilités de croisière en mer, la pêche au « tout gros », le tennis, les promenades à cheval, le casino, le ciné-club, les boîtes de nuit, les restaurants, les commerces variés... Le résultat est là : chaque année, on compte 20 p. 100 d'estivants de plus. Enfin, son port de plaisance peut recevoir un millier de bateaux, et c'est l'un des plus grands d'Europe.

À côté du gigantisme de La Grande-Motte, avec ses 5 km de plage, *Carnon* paraît modeste, mais la station, rajeunie, a un joli port de

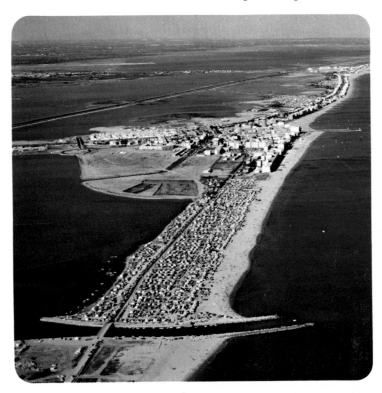

plaisance et une école de voile. À quelque 5 km, sise à l'embouchure du Lez, le long de l'étang de Pérols, *Palavas-les-Flots* accueille traditionnellement les Montpelliérains, dont elle est la plage favorite.

« Je suis né dans un de ces lieux où j'aurais aimé de naître » (Valéry)

Au fil de la côte qui s'étire au sud de Montpellier, parallèlement à la Gardiole, on trouve *Frontignan*, célèbre par son muscat, puis *Sète* qui, non loin de ces vastes complexes touristiques, semble immuable :

> *« ... ce lieu me plaît, dominé de flambeaux,*
> *Composé d'or, de pierre et d'arbres sombres,*
> *Où tant de marbre est tremblant sur tant d'ombre;*
> *La mer fidèle y dort sur mes tombeaux!»*

plates, on dut introduire des naissains de portugaises, et celles-ci constituent aujourd'hui la majeure partie de la production du bassin.

La mytiliculture a, en fait, un peu supplanté l'élevage des huîtres. Autochtones, les moules produites y sont énormes (elles ont souvent 6 cm de longueur), fermes et savoureuses. On les déguste crues, arrosées d'un vin blanc du pays, ou préparées à la marinière, en brochettes, farcies.

Six mille tonnes de moules et deux mille d'huîtres par an, plus de 4 000 travailleurs occupés à ces élevages, on ne peut pas parler à propos du bassin de Thau d'« artisanat ». De son côté, l'étang de Leucate, au nord de Perpignan, s'est lancé dans l'élevage. Avec 32 ha de bassins, sa production annuelle atteint déjà 400 t de moules et l'espérance est de 1 500 t. ■

Les joutes languedociennes

Les joutes nautiques, déjà pratiquées en Égypte dans la plus haute antiquité, furent également connues des Grecs sous le nom de « naumachies »; elles simulaient un combat naval, les jouteurs étant armés, comme les guerriers, de lances et de boucliers. Cet exercice fut ensuite adopté par les Romains et fit l'objet de véritables spectacles. Néron imagina même de recréer ainsi la célèbre bataille de Salamine!

Le jeu, qui est réservé aux hommes en raison de la brutalité des heurts, existe en France depuis des siècles, avec plus ou moins de variantes. Le principe reste le même : deux hommes se tenant chacun debout à l'arrière d'une barque doivent tenter de se faire tomber à l'eau en utilisant une longue perche (lance). Mais chaque forme a ses règles fixées par les traditions.

Propre au département de l'Hérault, la joute languedocienne est par excellence le divertissement de la belle saison. Son cadre : un fleuve, un canal, un étang. À Agde, Balaruc-les-Bains, Béziers, Frontignan, la Peyrade, Mèze, Palavas-les-Flots, Sète ..., des sociétés se sont constituées. Les jouteurs, vêtus de blanc, tête nue, porteurs de leur lance et de leur bouclier (pavois), sont chacun placés sur une plate-forme (tintaine) élevée à la poupe des barques, à 2,50 m ou 3 m au-dessus de l'eau, à l'extrémité d'une échelle (bigue).

L'ensemble bigue-tintaine a une longueur de 7 m environ. Celle des barques varie autour de 8 m et leur largeur au centre est de 2,50 m à

Dans ce cimetière marin qu'il a chanté repose Paul Valéry, au bord de la mer « toujours recommencée ». Non loin de ce lieu qui évoque la Grèce, un musée moderne partage ses salles entre une collection de peintures, des vestiges et documents concernant l'histoire de la ville et des œuvres de Valéry aquarelliste et dessinateur.

Si l'on veut comprendre Sète, c'est à ce vieux cimetière qu'il faut monter. Mais, si l'on veut comprendre dans quel pays la ville fut bâtie, c'est plus haut — à 175 m —, au sommet du mont Saint-Clair qu'il faut se hausser, à l'ombre de la chapelle Notre-Dame-de-la-Salette. Devant soi s'étend toute la ville, quadrillée de canaux et coincée entre la mer et l'immense étang de Thau. Dans le port se serrent les bateaux. Située sur la route des liaisons maritimes qui existaient entre Phocée et Narbo, Sète commerça dès l'Antiquité. Mais elle n'est vraiment devenue port que depuis 1666, année où un édit royal en décréta la construction : elle fut et reste le deuxième port français de la Méditerranée. Et, grâce à ses installations dans l'étang de Thau, Sète possède un arrière-port industriel extrêmement important, dont l'accès est facilité par la présence du canal du Midi, qui y aboutit, et par celle du canal de Sète au Rhône, qui y commence. Côté ouest, la plage de la Corniche se poursuit par un long cordon qui mène au cap d'Agde.

Mais Sète mérite une longue flânerie, dans ses rues animées, sur les quais de son vieux port auquel les chalutiers et les hangars gardent son pittoresque, à la Pointe Courte — le quartier des pêcheurs dont les maisons basses se mirent dans le bassin de Thau. Au moment des fêtes de l'été où se disputent les fameuses joutes languedociennes, lorsque se déroule son festival de théâtre dans l'ancien fort de Vauban, la petite cité déborde de vie et de gaieté.

Sculpté par un volcan

À partir de Sète, la route emprunte le lido qui ferme le bassin de Thau. Dans les enganes qui le frangent, le cheval de Camargue « acclimaté » trotte à l'aise, et la vigne pousse dans les sables. L'étang fait figure de nappe tranquille : près de 7 500 ha, une profondeur de 12 à 15 m; mais les tempêtes peuvent y être violentes. Sur son pourtour, des petites stations : *Balaruc-les-Bains, Bouzigues,* célèbre pour ses huîtres et ses moules, *Mèze,* fondée par les Phéniciens, *Marseillan,* village de pêcheurs et de vignerons et point de départ du canal du Midi en direction de Toulouse.

Bâtie à 4 km de la mer, *Agde* est plus ancienne que Sète : elle fut l'antique *Agathé Tyché,* une prospère colonie phocéenne, puis romaine. L'Hérault, qui la traverse, y forme un port dont le bon abri en fit le premier port du Languedoc avant que Sète ne le détrônât.

Compétitions populaires d'Agde, les joutes nautiques sur l'Hérault, au pied de l'ancienne
▼ *cathédrale Saint-Étienne.*

La cathédrale Saint-Étienne, fortifiée (XIIe s.), l'église Saint-André, l'hôtel de ville (XVIIe s.), des vestiges de remparts sont les seuls souvenirs d'une histoire qui, souvent, ruina la ville. Quant au passé plus lointain, des fouilles ont permis de le recréer au musée Agathois.

Comme Sète, Agde a son cap rocheux. Celui-ci, reste d'une coulée de lave du mont Saint-Loup (111 m), l'ancien volcan agathois, couvert de pins et de genêts, offre un décor pittoresque. À 800 m de la pointe du môle Richelieu, l'îlot de Brescou porte un vieux fort du XVIIe siècle avec un phare : le cardinal avait projeté de le relier à la côte par une digue, ce qui eût constitué une immense rade capable de concurrencer Gênes. Rien n'avait pourtant changé jusqu'à ces dernières années, où le cap d'Agde devint le centre du deuxième « complexe » de tourisme.

▲ *Sète, port du Languedoc, est sillonnée de canaux : le quai Maréchal-de-Lattre longe le canal de Sète.*

2,75 m; elles doivent transporter musiciens (2 hautbois et 2 tambours), rameurs et barreurs. Quant aux accessoires, la lance, longue de 2,50 m, d'un diamètre de 3,5 cm, est en bois — de pin en général — et pourvue à une extrémité d'un collier d'acier à trois dents qui permettent sa fixation sur le pavois de l'adversaire. Le pavois est également en bois, haut de 70 cm, large de 40 cm.

Barques, lances, pavois sont blancs, avec des motifs partiellement peints en bleu ou rouge selon le camp. Les deux barques avancent sur des lignes parallèles, très proches, afin que la rencontre *(passe)* donne la possibilité aux deux jouteurs, mais en sorte que le pavois tenu à la verticale par le bras gauche et la lance passée horizontalement sous l'aisselle droite, de se heurter. ■

La Clape et son cimetière marin

À l'extrémité des Corbières, entre Narbonne et la mer, se dresse la *montagne de la Clape.* « Montagne », cela sent déjà le Midi, car le sommet culmine à ... 214 m! Un énorme bloc de calcaire, qui, jadis, fut vraisemblablement une île, s'étale sur quelque 20 km entre le cours de l'Aude et Gruissan.

La Clape, qu'il faut parcourir à pied et un peu à l'aventure à travers un maquis de genévriers, de lauriers, de romarin et de myrtes, recèle bien des richesses : richesses naturelles, par ses cavernes et ses gouffres (tel le spectaculaire « Œil Doux », ou Oueil d'Oux, le « trou d'eau »), tout autant que richesses archéologiques; ces cavités furent des ossuaires néolithiques et des abris. Au nord de

→

Ouvrant leurs routes dans les chemins antiques, évitant de bâtir trop haut et trop grand, employant la tuile du pays et les couleurs chaudes pour les façades, jouant avec l'ombre et la lumière, respectant la verdure et l'amplifiant, les constructeurs ont fait du Cap-d'Agde un ensemble relativement humain, d'allure méditerranéenne, avec places et rues à arcades. Certes, on y trouve aussi, pêle-mêle, voies rapides, voies piétonnières, parkings géants, hôtels, night-clubs, villas, magasins, camping, terrains de jeu, marinas isolées, quantités de petits ports de plaisance pouvant accueillir aussi bien les grands voiliers que les dériveurs légers, piscines, courts de tennis, casinos, centre naturiste, zoo et « delphinarium ». La station, qui couvre 600 ha, reçoit déjà près de 40 000 estivants et voit ce nombre augmenter régulièrement.

Le paradis narbonnais

Le rivage narbonnais est plus varié : la garrigue vient ici jusqu'à la côte, piquetant des buttes calcaires au dessin tourmenté qui annoncent les Corbières. La nature s'épanouit dans les massifs de la Clape ou de Fontfroide, dans les étangs de Bages, de Sigean et de l'Ayrolle, semés d'îles grouillantes d'oiseaux, lieux paisibles, giboyeux, ensoleillés et peu fréquentés. Ici aussi survinrent les « aménageurs », mais on fit en sorte que la nature fût respectée. On délimita des zones à protéger et à reboiser, on classa des sites, on institua des « espaces de nature sauvage » et on émailla le paysage de stations biologiques. Les consciences étant apaisées, on put alors faire surgir du vieux littoral narbonnais la troisième unité, « Gruissan-Valras », étalée sur 30 km de plage.

Fait d'eau, de vignes et de pinèdes, le site de *Gruissan* est celui d'un amphithéâtre naturel assis au bord de la Méditerranée, auquel le massif de la Clape sert de toile de fond sur une dizaine de kilomètres. Au centre se tient l'ancien village cerné d'eau. Ses vieilles maisons, couleur de terre et de soleil, se pressent en demi-cercle au pied de la tour démantelée de l'antique château, la tour Barberousse. Cet authentique village de pêcheurs et de vignerons, qui déjà possédait sa petite station, *Gruissan-Plage*, non dénuée de pittoresque avec ses curieux chalets sur pilotis — l'eau s'écoule mal lors des pluies d'hiver — a vu jaillir autour de lui l'un des plus importants complexes touristiques du littoral puisque, lorsqu'il sera achevé, il égalera en capacité celui de La Grande-Motte (42 000 lits et 60 000 habitants pour 1 600 ha).

Pour offrir une rade de 17 ha et donner accès au port de la station, l'étang du Grazel a été ouvert sur la mer. L'étang intérieur qui entoure le vieux village de Gruissan, d'une superficie de 25 ha, est réservé aux

Résolument moderne, l'ensemble des marinas de Port-Barcarès,
▼ *sur l'étang de Leucate.*

pêcheurs et aux petits voiliers. Afin de respecter les lieux, aucun immeuble du port ne dépassera quatre étages : le souci des architectes semble être de réaliser là un ensemble typiquement méditerranéen, complété par les trois autres stations : *Valras*, à l'embouchure de l'Orb — la vieille station de Béziers —, *Saint-Pierre-sur-Mer*, avec son rocher qui émerge des sables, et *Narbonne-Plage*, toutes trois jusque-là fréquentées par des habitués des villes voisines.

Autour d'un paquebot

Port-Leucate et Port-Barcarès forment le quatrième fleuron de l'aménagement du littoral et marquent la frontière entre la côte du Languedoc et celle du Roussillon. L'une est dans l'Aude, l'autre dans les Pyrénées-Orientales.

Le *cap Leucate* était jadis une île dominant une étrange région lagunaire. De part et d'autre, deux stations paisibles : *la Franqui* et *Leucate-Plage*. L'endroit, calme et peu fréquenté, mais ensoleillé et magnifiquement situé, se prêtait à un somptueux aménagement touristique. Port-Leucate et Port-Barcarès, dévorant chacune 300 ha, ont donc jailli des sables le long du cordon littoral qui sépare l'étang de Leucate, ou étang de Salses, de la mer. Elles offrent ensemble près de 100 000 lits, du simple emplacement de camping à la suite la plus luxueuse. À Leucate, tout est blanc, bleu et géométrique, coupé de

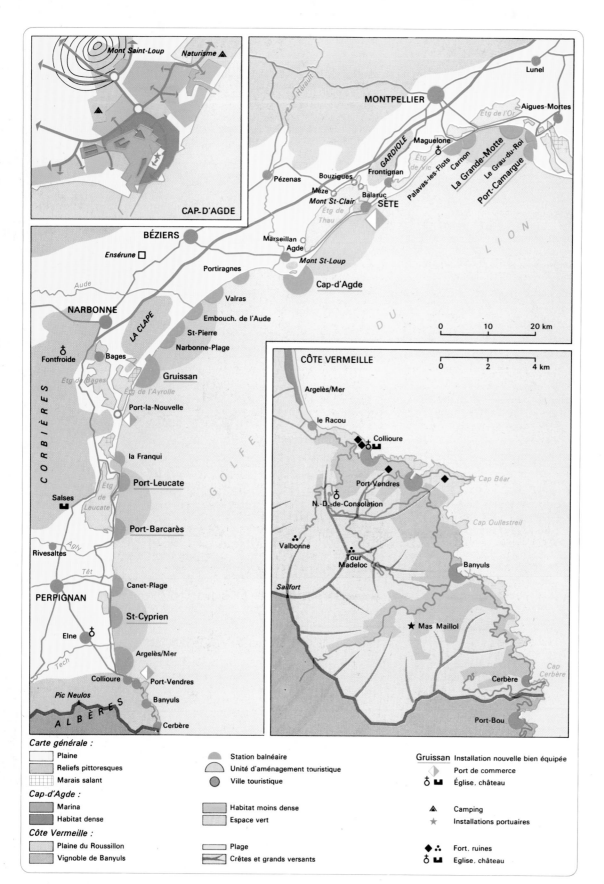

Carte générale :

◻ Plaine

▨ Reliefs pittoresques

▦ Marais salant

Cap-d'Agde :

▨ Marina

▨ Habitat dense

Côte Vermeille :

▨ Plaine du Roussillon

▨ Vignoble de Banyuls

◗ Station balnéaire

◖ Unité d'aménagement touristique

● Ville touristique

▨ Habitat moins dense

▨ Espace vert

▨ Plage

⬳ Crêtes et grands versants

Gruissan Installation nouvelle bien équipée

◇ Port de commerce

⚲ ▆ Église, château

▲ Camping

★ Installations portuaires

◆ ⁛ Fort, ruines

⚲ ▆ Église, château

Gruissan, accessible par un sentier caillouteux qui serpente sous les pins parasols, se trouve un émouvant cimetière marin regroupant des cénotaphes.

Paul Valéry aurait aimé ce lieu. Des stèles, des inscriptions à la mémoire de marins péris en mer tout au long du XIXᵉ et même du XXᵉ siècle. Sur eux veille la « dame » vénérée dans la chapelle Notre-Dame-des-Auzils qui s'élève plus haut, entourée par les fûts noirs des cyprès. De là, l'on découvre la mer et le site de Gruissan. ■

Des fêtes, des traditions

La terre roussillonnaise a les siennes : des danses, des chants (ces *goigs* allègres — prononcer goïtch — qu'entonnent les pèlerins rassemblés devant les ermitages); une semaine sainte qui, depuis des siècles, donne lieu à un même rituel, à la fois coloré et fervent, comme en connaît l'Espagne voisine. Le Languedoc méditerranéen a aussi su conserver certaines de ses traditions : le *jeu du tambourin* dont les règles sont dérivées du jeu de paume; les fameuses *joutes nautiques;* et ces animaux de toile qui, lors des fêtes locales, dansent au son du hautbois et du tambour (Mèze a son bœuf que huit hommes déplacent, Béziers son chameau, Pézenas son poulain, Gignac son âne…). Sans oublier qu'ici et là, en Languedoc et en Roussillon, les courses de taureaux ne manquent pas d'adeptes!

Parmi les manifestations, quelques-unes des plus importantes :

— *Agde :* tournois de joutes sur l'Hérault (trophée du Languedoc), le premier dimanche d'août.

— *Banyuls-sur-Mer :* grande fête locale (coblas et sardanes), en août.

— *Palavas-les-Flots :* fête de la Saint-Pierre (fête des pêcheurs, avec joutes languedociennes), le premier dimanche de juillet; fête de la Lumière (joutes de jour et de nuit, *novilladas*), le 15 août.

— *Perpignan :* procession de la Sanch (depuis 1416), le vendredi saint; foire de la Saint-Martin (brocante et fête foraine), du 1ᵉʳ au 23 novembre.

— *Sète :* grand pardon des pêcheurs, en juillet; festival d'art dramatique dans le cadre du Théâtre de la mer, en juillet et août; fête de la Saint-Louis (jeux, joutes), qui coïncide avec la fête de la ville, le 25 août; le Pavois d'or (joutes), à la fin d'août; grande fête de la Lance sportive, en septembre. ■

---

verdure. Chaque habitation, même la plus modeste, possède son patio, ouvert sur le bleu du ciel méditerranéen. *Port-Barcarès* est déjà célèbre pour son paquebot, le *Lydia,* échoué sur le sable au milieu de la station dont il est le phare. Ce bateau, qui s'appelait autrefois la *Moona,* fit une longue carrière de « croisiériste » avant de venir s'échouer là pour se transformer en un luxueux complexe de classe internationale, avec restaurants, bars, night-clubs, piscine et, aussi, un casino très fréquenté. Au nord du *Lydia* s'ouvre l'allée des Arts,

bordée de sculptures monumentales, conduisant au Musée des sables qui accueille chaque année des manifestations culturelles variées. Et, bien sûr, Port-Barcarès, c'est aussi — et surtout — un ensemble impressionnant de marinas longeant les quais, les bassins et les canaux d'un port qui peut recevoir les très grands voiliers.

Ainsi, à coups de milliards, a-t-on essayé de faire rattraper à cette côte du Languedoc-Roussillon son retard touristique. L'avenir dira si elle y a perdu son âme ou conquis d'autres charmes.

montagnes et abbayes
en terre catalane

▲ Majestueuse toile de fond
du pays roussillonnais,
les crêtes enneigées
du légendaire Canigou.

◀ Le Christ ressuscité,
devant d'autel du XIIIᵉ sièc
église d'Yravals,
près de Latour-de-Carol.

◀◀

Au pied du Canigou,
le château
et l'église paroissiale
du vieux Vernet-les-Bains.

Pays de hautes cimes,
de profondes vallées et de riants bassins,
les Pyrénées catalanes demeurent attachées
à une vie simple et vraie.
Elles sont, depuis des siècles,
terre de foi et de paix monastique.

Maisons de schiste ▶
et rues pittoresques :
Évol, dans la vallée de la Têt.

Il n'est de site ou de village
que n'illumine une église
ou une chapelle,
sanctuaires émergeant
de vieux toits roses
ou se dressant, solitaires,
sur de vertes pentes.
De robustes clochers
ajourés,
des édifices sobres
et massifs,
une riche sculpture monumentale.

◄ Dans la solitude montagnarde
du col d'Ares (haut Vallespir),
la chapelle Notre-Dame-du-Coral
est un lieu de pèlerinage.

La « croix des outrages »
de Prats-de-Mollo
réunit les attributs
▼ de la Passion.

Dans un site boisé
du Conflent,
le village de Molitg
et l'église Saint-Isidore.

Belles ferronneries ►
du XIIIᵉ siècle
décorant le portail de
l'église Saint-Martin,
à Palalda.

*Le Moyen Âge
donna à l'art religieux
l'une de ses formes
les plus achevées, qui,
bien que parfois marquée
par l'influence mozarabe,
n'en revêt pas moins
une originalité
spécifiquement roussillonnaise.*

▲ *Un travail naïf,
une touche caricaturale
pour ce détail de chapiteau
symbolisant le péché.*

Voûtée en plein cintre, ▶
*dépouillée à l'extrême,
la nef de l'église supérieure
invite au recueillement.*

*Nid d'aigle
perché au milieu de la forêt,
l'abbaye Saint-Martin-du-Canigou
n'était plus, au XIXᵉ siècle,
qu'un champ de ruines
goûté des poètes romantiques.
Aujourd'hui restaurée,
elle illustre,
tant par sa conception
que par sa décoration,
le grand élan mystique qui anima
le «premier art roman méridional»...*

Avec sa plate-forme crénelée, ▶▶
*ses arcatures lombardes,
le clocher évoque bien
des tours méridionales.*

▲ *L'élégant clocher à baies géminées,*
le cloître en partie reconstitué,
aux chapiteaux sculptés
par des imagiers virtuoses.

Foyer de culture catalane ▶
l'abbaye se dresse, solitaire,
dans un vallon serein
du Conflent.

... tandis qu'à Saint-Michel-de-Cuxa
le roman se fait «école»,
et les éléments décoratifs
affirment leur originalité.

▲ *Hautes cimes sauvages
en terre catalane,
près de Mont-Louis.*

$\mathcal{A}$ l'est du col de Puymorens, la chaîne des Pyrénées semble perdre de sa rudesse. Des cimes encore imposantes mais souvent émoussées par les glaciers, des plaines haut perchées, des rivières qui vont se perdre dans la Méditerranée par des vallées où poussent oliviers et châtaigniers, lauriers-roses et orangers. L'air y est pur et sec, le soleil s'offre sans retenue, et le ciel revêt une luminosité rare. C'est le pays catalan, dont la fertile plaine du Roussillon, foisonnante de jardins, de vergers et de vignobles, va jusqu'au pied des Corbières porter les horizons.

Sur cette terre convoitée, les hommes n'ont que trop de fois introduit la ruine et la désolation. Aux confins de la France et de l'Espagne, Cerdagne et Roussillon ont, au fil de l'histoire, connu les invasions et les rivalités entre suzerains. Vassales de la maison d'Aragon, puis des rois de Majorque, enlevées à la domination aragonaise par Louis XI en 1463, ces contrées ne furent rattachées à la France qu'en 1659 par le traité des Pyrénées.

Compte tenu de l'atmosphère d'insécurité maintenue des siècles durant, il n'est point étonnant que les moines du Moyen Âge aient choisi, pour construire leurs ermitages et sanctuaires, des sites généralement d'accès difficile et à l'abri du Canigou, puissante et imperturbable sentinelle, la plus singulière des montagnes pyrénéennes. Ainsi, dans la solitude des hauteurs put s'élaborer, à l'époque romane, un art architectural et sculptural exceptionnel, auquel l'on doit un ensemble de chefs-d'œuvre : Serrabone, Saint-Michel-de-Cuxa, Monastir-del-Camp, Saint-Martin-de-Fenollar et la plus réputée de ces retraites monastiques, Saint-Martin-du-Canigou.

La sécheresse et la douceur du climat ont parfaitement conservé aux marbres, blanc, jaune ou rose, leur beauté primitive, qui donne un aspect somptueux à la moindre colonnette, au moindre relief. Hélas! l'homme fit montre de moins de tact que la nature. Bien avant la Révolution, des abbayes, désertées par leurs moines, furent transformées en bergeries. Puis ce furent la vente des biens nationaux, le démontage des cloîtres, la récupération des chapiteaux pour des bains publics. Néanmoins, ce qui reste suffit à rendre compte de ce que furent, aux temps médiévaux, les églises de la montagne roussillonnaise. Et, si la région recèle de véritables merveilles pour l'amateur d'art roman, elle ne présente pas moins d'attraits pour le visiteur curieux de paysages encore secrets, de hauts pays lumineux.

Le roi des montagnes royales

Vers le *massif du Canigou* semble converger tout le pays roussillonnais dont il est l'âme, le symbole. Pour son plus haut sommet, 2 784 mètres, l'altitude peut paraître modeste lorsqu'il s'agit d'une montagne sacrée. Pourtant, longtemps, on le crut le plus élevé des Pyrénées et, depuis toujours, on le considère comme «le roi des montagnes royales».

*Montagnes délectables,
Sont celles du Canigou,
Qui fleurissent l'été,
Le printemps et l'automne...,*
ainsi dit la vieille chanson catalane.

À quelque 50 km au sud-ouest de Perpignan, entre la vallée de la Têt, au nord, et celle du Tech, au sud — ou mieux, entre Conflent et Vallespir —, le Canigou dresse son énorme pyramide trapue au-dessus de la plaine qui doucement descend jusqu'à Argelès-sur-Mer. Grandiose silhouette que, par temps clair, l'on peut apercevoir de Marseille et même du mont Ventoux. Autour d'elle, des crêtes en forme de crocs : le pic Barbet (2 748 m), le pic Gallinasse (2 461 m), le Puig des Très Vents (2 731 m). Le Plá Guillem (2 301 m) et le pic de Costabonne (2 465 m) rattachent le massif à l'Espagne, tandis que la chaîne des Albères le relaie vers la mer, de l'autre côté du Vallespir.

À lui seul, le Canigou est tout un univers. Sa stature, son isolement, la parure de neige que l'hiver lui apporte, la riche végétation méditerranéenne qui s'étale à ses pieds le firent comparer par Kipling aux majestueuses montagnes qui commandent les hautes vallées de l'Hindoustan. Quant à Thiers, qui l'avait découvert lors d'un voyage en Roussillon vers 1830, il ressentit sa vision comme l'un des plus beaux spectacles des Pyrénées : «C'était le matin vers 6 heures. Le froid était rigoureux. Un vent impétueux soufflait des montagnes du Capcir couvertes de neige. Un jeune Roussillonnais à la veste courte, au bonnet flottant, au visage court et vif, conduisait au galop quatre chevaux de Cerdagne qui nous emportaient tout autour du Canigou. [...] La plaine n'avait encore reçu aucun rayon de soleil, lorsque, tout à coup, le Canigou reçut sur son front une teinte rose qui, se mariant à la blancheur des neiges, produisit une nuance d'une inexprimable douceur. Bientôt le mont tout entier fut inondé de lumière et de pourpre. Toutes ses saillies ressortent, toutes ses profondeurs semblent s'enfoncer encore. Le froid, le vent, la rapidité de la course, ajoutés à l'effet de ce grand spectacle, sont inoubliables.» Mais l'enchantement est de toutes saisons. Les forêts qui, au-dessus de 800 m, couvrent les versants, les pâturages qui, plus haut encore, les revêtent, semés de pins et de genévriers, le rocher brunâtre (bleu de loin) qui affleure sur les pentes, autant de paysages avec lesquels joue la lumière, dans la douceur automnale ou sous la brûlure de l'été.

Du mystère qui, longtemps, plana sur ce massif, il ne reste que le souvenir. Nous sommes loin de la légendaire aventure de Pierre III

Une douceur inattendue : la Cerdagne

En contrebas du plateau de Mont-Louis s'allonge vers l'ouest la plaine effondrée de la Cerdagne, dominée au nord par le massif du Carlit, au sud par le Puigmal et son blanc prolongement, la sierra del Cadí. Bien enserrée dans ces montagnes, tout entière située au versant sud des Pyrénées, la Cerdagne est chère au cœur des Catalans. Elle jouit d'un ciel lumineux, d'un climat sec et chaud l'été, d'un ensoleillement exceptionnel. Et, malgré son altitude (1 200 m en moyenne), elle a des vergers qui donnent des fruits réputés.

Comme beaucoup de bassins montagnards, ce terroir convoité changea fréquemment de maîtres,

jusqu'au traité des Pyrénées, qui accorda à la France 33 villages de Cerdagne, mais ni Puigcerdá ni Llivia, ancienne capitale ayant titre de « ville », qui constitue toujours une enclave (12 km²) dans le territoire français.

Si la vraie capitale demeure Puigcerdá, les deux centres importants de Cerdagne française sont Font-Romeu et Bourg-Madame. Il y a à peine plus de cinquante ans, *Font-Romeu* (1 800 m) n'était qu'un ermitage attirant des flots de pèlerins au pied de la Madone, cette Vierge dont la légende veut qu'un berger cerdan ait retrouvé la statue, enfouie dans la forêt, là où un taureau de son troupeau ne cessait de gratter le sol. Mais si la chapelle (XVIIᵉ-XVIIIᵉ s.) mérite visite car elle recèle un superbe retable exécuté par Joseph Sunyer (1707) et un « camaril », →

▲ *Dans les vergers en fleurs,*
au pied de la longue échine des Albères,
ultime ressaut des Pyrénées
qui s'en va mourir dans la mer.

Dominée par sa tour médiévale,
Corsavy étage ses vieilles maisons
sur les pentes du Vallespir,
▼ *non loin du Canigou.*

d'Aragon qui, ayant voulu tenter l'ascension, en revint avec l'image d'un lac d'où surgit « un énorme et affreux dragon qui se mit à voler et qui, de son souffle, obscurcit l'air et couvrit l'espace de ténèbres » (chronique du XIIIᵉ siècle). Et, plus près de nous, les catastrophes aériennes dont le Canigou a été le théâtre semblent désormais expliquées : la montagne est riche de mines de fer manganésifère qu'on exploite — ce pourquoi elle s'est déboisée au cours des siècles —, et les instruments de bord auraient été déréglés par la

masse des minerais survolés à faible altitude. L'ascension a donc perdu de ses ombres. Le plus aisé est d'avoir recours, à Vernet-les-Bains ou à Prades, au service de jeeps qui conduisent au chalet-hôtel des Cortalets (2 175 m), au pied du pic du Canigou. Car mieux vaut ne pas utiliser sa propre voiture sur une route difficile où la pente atteint jusqu'à 20 p. 100. La fin de la montée se fait d'ailleurs à pied. On découvre alors, peu à peu, le Plá des Estanyols (petits étangs), enchâssé dans une large fosse, puis la fontaine de la Perdrix, et

▲ *Abbatiale Sainte-Marie,*
à Arles-sur-Tech :
la statue funéraire (XIIᵉ s.) de
Guillaume Gaucelme de Taillet.

appartement de la Vierge, chef-d'œuvre du même artiste, c'est pour bien d'autres attraits que Font-Romeu attire aujourd'hui à elle des flots de vacanciers. Bordée de forêts de pin, adossée au massif du Carlit, exposée au midi, elle est devenue une importante station d'hiver et d'été. La neige, la sécheresse du climat et la persistance du soleil (3 000 heures par an) lui ont valu cette vocation touristique et sportive. Elle possède un lycée d'altitude qui sert aussi de centre de préparation sportive. C'est là, notamment, que s'entraînèrent des athlètes de différents pays avant les jeux Olympiques de Mexico. Ainsi la montagne catalane s'est-elle ouverte à notre civilisation des loisirs. Aux deux extrémités de la Cerdagne, Porté-Puymorens et Saint-Pierre-dels-Forcats complètent

l'équipement de sports d'hiver.

Tout près de Font-Romeu, on peut contempler, à Odeillo, le four solaire géant, abrité par un bâtiment de huit étages : c'est, avec celui de Phoenix (Arizona), le plus puissant du monde. Un peu plus loin, on aura plaisir à errer dans le chaos de granite de Targassonne, qui vaut bien le Sidobre et le Huelgoat, avec le panorama en plus : et, après avoir flâné dans de délicieux villages aux noms monosyllabiques, on arrive tout en bas, à *Bourg-Madame.*

Celle-ci commande les routes Toulouse-Barcelone et Perpignan-Lerida. Le nœud ferroviaire, où les lignes Toulouse-Ax-Puigcerdá et Perpignan-Cerdagne se raccordent au réseau espagnol, se situe à Latour-de-Carol, toute proche. Bourg-Madame, anciennement La Guinguette, n'était qu'une halte au

pied de Puigcerdá; elle a changé de nom en 1815, en l'honneur de Madame Royale, la fille de Louis XVI, qui rentra en France par cette route. ■

Les fresques de Saint-Martin-de-Fenollar

Pour qui veut bien saisir l'art roman en Roussillon, la visite de *Saint-Martin-de-Fenollar* s'impose. Non pas qu'avec sa nef de 9,50 m sur 3,40 m, pour 3,30 m de haut, l'église — ou, plutôt, la chapelle — située entre les Bains-du-Boulou et le Perthus, au pied de la chaîne des Albères, puisse se comparer à Saint-Michel-de-Cuxa ou à Saint-Martin-du-Canigou; mais cet humble sanctuaire, élevé au début de l'époque romane à l'emplacement

bientôt, du sommet, un vaste panorama sur la Cerdagne et les sommets pyrénéens à l'ouest, sur le Roussillon et la Méditerranée à l'est, sur les Corbières au nord.

Une gageure : Saint-Martin-du-Canigou

L'imposant massif du Canigou prête son cadre sauvage à de purs joyaux. Aux flancs de ses contreforts, au pied des hauteurs, au faîte d'éperons rocheux se sont bâties, au Moyen Âge, églises et abbayes qui ajoutent à la poésie de la montagne celle de leurs vieux murs, patinés par les siècles, burinés par le soleil. Cette profusion d'édifices religieux est due à un motif historique : la volonté du gouvernement carolingien d'assurer son pouvoir en s'appuyant sur l'Église et en opposant la liturgie romaine à celle de l'Église mozarabe d'Espagne, qui, jusqu'à la reconquête franque, régnait sur la contrée. Sans doute répond-elle aussi, par son visage essentiellement roman, aux exigences du recueillement. Car, comme l'écrit Émile Ripert, «contre les assauts voluptueux de la lumière, l'art roman défend l'âme fidèle qui cherche dans l'ombre le soleil intérieur».

Ainsi éclôt en Roussillon, dès la période préromane, une architecture au style vigoureux, encore empreinte de l'influence sarrasine, mais qui fait preuve déjà d'une grande originalité. C'est au sein du vaste renouveau artistique qui déferle sur l'Europe méditerranéenne au XIᵉ siècle que s'inscrit cet art proprement roussillonnais, d'abord inspiré de celui de l'Italie du Nord, mais de plus en plus novateur dans ses recherches de sculpture monumentale. Cloîtres, façades, linteaux, tympans sont façonnés dans le marbre que recèle la montagne. Animaux fantastiques et personnages sortis de l'Antiquité mésopotamienne, motifs floraux et monstres y créent un univers insolite qui peut d'ailleurs paraître fort éloigné du christianisme. À ce roman méridional le Roussillon demeura longtemps fidèle, et l'on peut en observer des survivances au XIIIᵉ ou au XIVᵉ siècle, parallèlement aux manifestations du gothique.

De cet art fortement caractérisé l'*abbaye de Saint-Martin-du-Canigou* est l'une des réalisations les plus éclatantes. Bâtie à 1 094 m d'altitude, sur un replat rocheux au flanc ouest du Canigou, et accessible à pied depuis Casteil, petit village sis non loin de Vernet-les-Bains, elle émerge soudain, au terme d'un sentier qui serpente dans les sous-bois. L'église, une tour-clocher, un cloître et des bâtiments conventuels aux murs de pierre dorée et aux toits d'ardoise ou de tuiles montent la garde en pleine montagne depuis bientôt mille ans.

«Le goût des beaux sites, répandus chez les Bénédictins, écrit Marcel Durliat, ne suffirait pas à expliquer leur installation au

Canigou, car l'on doit considérer comme une gageure la construction d'un monastère à cette altitude, dans la forêt, en face de l'énorme écran rocheux que les cimes opposent aux rayons du soleil. Le choix des fils de saint Benoît paraît avoir été déterminé par les goûts de leur bienfaiteur, le comte Guifred de Cerdagne.» C'est en 1001, en effet, que ce grand féodal décide la construction de l'abbaye; elle est consacrée en 1009, puis une nouvelle fois en 1026. En 1035, le comte lui-même se retire au monastère, où il meurt vingt-quatre ans plus tard — son corps est inhumé dans le tombeau qu'il a creusé, de ses propres mains, dans le rocher.

En 1428, un tremblement de terre détruit en partie l'abbaye. S'amorce alors une lente décadence que la Révolution accentue. Dans le spectacle de ces nobles ruines, les artistes romantiques trouvent certes un intéressant sujet d'inspiration, mais Saint-Martin-du-Canigou devient surtout une carrière où il est commode de venir chercher des pierres. Il faut attendre 1902 pour que Mᵍʳ de Carsalade du Pont, évêque de Perpignan, entreprenne de restaurer le monastère. Longue restauration mais considérée comme trop libre par les puristes de l'art roman, qui boudent un peu l'abbaye.

L'église abbatiale, dominée au nord par un clocher crénelé et carré d'allure toute militaire — mais tel qu'il en existait au XIᵉ siècle de l'Italie du Nord à la Catalogne —, comporte deux étages bâtis en simple pierre de la montagne. L'étage inférieur, consacré à la Vierge, montre deux styles de construction différents : massifs piliers de granite, surmontés de chapiteaux grossièrement sculptés de la partie est; piliers cruciformes, plus évolués, de la partie ouest. Édifiée peu après, l'église supérieure comporte trois nefs sans transept. Les chapiteaux sont ornés en bas-relief méplat de sculptures archaïques très simples, témoins d'un art roman à ses débuts. Quant au cloître actuel, il ne donne qu'une idée assez vague de ce qu'il était à l'origine, avec ses deux étages élevés à deux époques différentes. Certains chapiteaux, récupérés à Vernet et à l'église de Casteil, ont été utilisés pour construire la galerie sud.

Bientôt 1 100 ans : Saint-Michel-de-Cuxa

Tout en s'intégrant au cadre montagnard, l'abbaye de Saint-Michel-de-Cuxa est bâtie dans un site moins âpre, à quelque 400 m d'altitude seulement. Au cœur du Conflent, dans le cadre presque florentin d'une vallée venue au flanc nord du Canigou, à moins de 2 km de Prades, elle élève, solitaire, au-dessus d'un aimable paysage de vergers, son haut clocher crénelé. Une crue de la Têt, en 878, aurait anéanti le premier établissement monastique alors installé à Saint-André-d'Exalada; d'où l'implantation de la communauté à Cuxa.

d'une église plus ancienne, a conservé les fresques peintes qui, à l'origine, décoraient entièrement les murs de tous les édifices religieux.

Sur la voûte de Fenollar, un Christ en majesté, main droite levée dans le geste de la bénédiction, domine le chœur. Il est entouré des quatre évangélistes, représentés par des anges tenant leurs symboles animaliers. L'or, ou plutôt l'ocre jaune, domine avec un bleu et un vert d'une fraîcheur étonnante, de même que le vermillon. Le trait est net et volontaire, la composition rigoureuse. La naïveté n'est que l'expression de la foi de l'artiste. Au fond du chœur, la Vierge de l'Assomption occupe la place d'honneur. Elle n'apparaît pas d'une beauté remarquable, mais, au Moyen Âge, il n'était pas encore entendu — comme sous la Renaissance — que

Notre Dame se devait d'être la plus belle des femmes.

En contemplant cet ensemble exceptionnel de fresques qui datent du début du XIIᵉ siècle, peut-être songera-t-on à certaines œuvres modernes et, notamment, à celles de Picasso qui, on le sait, était Catalan d'adoption. ∎

Elne, un chef-d'œuvre roman

Dans la plaine du Roussillon, au sud-ouest de Saint-Cyprien-Plage, Elne est de ces cités que l'essor de Perpignan fit au Moyen Âge sombrer dans l'oubli. Capitale du Roussillon à l'époque où déclinait l'Empire romain, elle dut à sa position stratégique sur une petite colline de connaître le destin des places fortes roussillonnaises : les assauts des

▲ *Deux des vingt-quatre vieillards de l'Apocalypse : détail de la fresque romane de Saint-Martin-de-Fenollar.*

Longtemps guettée par la ruine, l'abbaye Saint-Michel-de-Cuxa, l'un des chefs-d'œuvre
▼ *du roman roussillonnais.*

Le monastère fut d'abord placé sous la protection de saint Germain d'Auxerre avant de prendre le nom de son autre titulaire, saint Michel Archange. C'est seulement en 937 que, grâce au soutien des comtes de Cerdagne, put commencer la construction de l'église Saint-Michel, consacrée en 974. À cette époque, avec l'abbé Garin, le monastère connaît un rayonnement international et il accueille des personnages importants : le moine Gerbert d'Aurillac, futur pape Sylvestre II, saint Pierre Orseolo, doge de Venise, saint Romuald. Remanié et agrandi au XIᵉ siècle par l'abbé Oliba, fils d'un comte de Cerdagne, Cuxa connaît très vite, dès la fin du XIIᵉ siècle, les revers de la gloire et se meurt en un interminable déclin. Vendu comme bien national en 1791, laissé à l'abandon, l'édifice se dégrade très vite. Et les hommes, en pillant l'abbaye, parachèvent l'œuvre des éléments.

Mais, en 1919, le retour d'une petite communauté de moines ranime la vieille abbaye. Ce sont des cisterciens de Fontfroide qui, ayant dû quitter leur monastère en 1904, lors de la séparation de l'Église et de l'État, se sont exilés à l'étranger. La propriétaire de Saint-Michel leur offre l'hospitalité, et, durant plus de quarante ans, ces moines restaurent les bâtiments. Puis, faute de relève, l'abbaye se trouve de nouveau déserte. Jusqu'en novembre 1965, où huit moines de Montserrat choisissent de s'y installer. Ils travaillent pour assurer leur existence : l'un fait visiter l'abbaye, deux fabriquent des objets de céramique vendus sur place, un quatrième est archiviste, un autre menuisier-électricien, le dernier cultive les quatorze hectares du domaine. Ils accueillent aussi des visiteurs désireux de passer quelques jours en retraite spirituelle ou des groupes venus participer à des sessions de réflexion et de travail. Et l'abbaye sert de cadre aux concerts donnés, l'été, à l'occasion du Festival Pablo Casals.

Avec pour toile de fond, au midi, la masse gris-bleu du Canigou, avec son clocher carré de style lombard dont des créneaux couronnent les quatre étages de fenêtres à double arcature (XIᵉ s.), Saint-Michel-de-Cuxa a tout pour tenter un peintre. Mais, pour son portail de marbre somptueusement décoré comme pour l'intérieur, ce sont les archéologues qui se passionnent. D'aucuns estiment que le sanctuaire laisse apparaître une influence mozarabe (art espagnol marqué par l'envahisseur arabe). D'autres préfèrent y voir la poursuite de la tradition wisigothique, à laquelle se mêleraient des éléments de l'architecture carolingienne. Toujours est-il que l'édifice primitif, construit en petits moellons et gros blocs de granite taillés aux angles, se distingue facilement des ajouts, mieux équarris, dus à l'abbé Oliba (surélévation des bas-côtés, extension du chevet, crypte circulaire avec solide pilier central dont les arcatures évoquent un palmier). Quant au cloître, n'en reste que l'aire, qui a demandé un important nivellement de terrain et où l'on a installé les éléments de marbre rose récupérés à Prades.

envahisseurs successifs, la rivalité franco-espagnole. Le XIIe siècle lui donna des fortifications. Louis XIV les fit plus tard en majeure partie démanteler.

Fonctions militaires, donc, mais surtout importance religieuse. Dès le VIe siècle, Elne fut évêché. Son diocèse couvrait le Roussillon, le Vallespir et le Conflent. Ce rôle lui fut retiré peu à peu à partir du XIVe siècle, et, lorsque le pape, en 1602, décréta le transfert du siège épiscopal à la collégiale Saint-Jean-Baptiste de Perpignan, il ne faisait qu'officialiser une situation établie depuis longtemps.

Reste aujourd'hui, pour évoquer ce passé, la *cathédrale Sainte-Eulalie*, qui, de sa terrasse, domine de vastes horizons (Perpignan, le Canigou, la côte Vermeille). D'abord sise dans la ville basse et à

deux reprises anéantie par les musulmans de Majorque, elle fut reconstruite sur la colline au début du XIe siècle. Et, de cette période romane, l'on admirera la tour méridionale qui rappelle les clochers de l'Italie du Nord, la table d'autel avec son riche antependium. Mais les époques ultérieures apportèrent leur contribution à l'édifice : les chapelles gothiques qui bordent le bas-côté sud (XIVe-XVe s.); le chevet à sept chapelles rayonnantes (XIVe s.), dont la construction ne fut pas menée à bien; un baldaquin exécuté au XVIIIe siècle par le Perpignanais Pierre Navarre. De belles pièces de sculpture dans le style roussillonnais du début du XIVe siècle, le retable de Saint-Michel-Archange, dans la chapelle Sainte-Agnès (fin XIVe s.), participent aussi à l'intérêt que

▲ *Le célèbre cloître d'Elne et les deux clochers de la cathédrale Sainte-Eulalie : l'un roman, l'autre élevé au XIXe siècle.*

Beauté du marbre pyrénéen, richesse de l'ornementation, la tribune de l'église
▼ *du prieuré roman de Serrabone.*

Une somptueuse tribune de marbre : Serrabone

À 6 km de Boule-d'Amont, isolé au milieu des collines caillouteuses et sauvages des Aspres, à l'est du massif du Canigou, le *prieuré de Serrabone* est l'une de ces merveilles architecturales dont la seule vue fait oublier la peine qu'on a eue pour y accéder. La petite route en lacet qui y conduit est malaisée et tortueuse. Serrabone, «bonne montagne», cette lande aride, inculte, déserte, où, sur une petite butte, se dresse la sévère église à clocher carré, à toit à double pente? Oui, bonne montagne au Moyen Âge, quand elle était couverte de céréales ou plantée d'oliviers et de châtaigniers; et bonne surtout, comparée à la vallée, proie des envahisseurs, ou à la haute montagne, stérile.

C'est Raymond, évêque d'Elne, qui décida, au XIe siècle, d'installer là une communauté religieuse. L'église fut dédiée à saint Augustin. Mais, dès le XIVe siècle, la vie religieuse de l'abbaye s'éteignit et un document de 1630 décrit une église menaçant ruine et un cloître servant d'abri aux bergers et aux troupeaux. La Révolution ne fit qu'accélérer ce déclin, et, au début du XIXe siècle, toutes les fermes d'alentour étant abandonnées, la commune de Serrabone fut effacée du découpage administratif. Il fallut attendre 1947 pour que les Beaux-Arts entreprissent de restaurer ce qui restait.

Une chose surprend dès que l'on pénètre dans l'église, long vaisseau voûté en berceau brisé et appareillé en dalles de schiste : l'abondance d'arcades, de colonnes, de chapiteaux, richement sculptés. Animaux fantastiques, motifs floraux, figurations humaines ont été exécutés dans le marbre blanc par des artistes virtuoses. On y décèle des influences orientales, dans les thèmes comme dans la réalisation proprement dite. C'est la plus belle collection de sculptures romanes du Roussillon. Et le joyau en est, sans conteste, la tribune (XIIe s.) qui servait de chœur aux moines. Celle-ci, supportée par six voûtes carrées, «se compose, écrit J. S. Pons, d'arcades qui soutiennent la terrasse du chœur et forme une arche de marbre toute vouée aux symboles et aux moralités. C'est un marbre veiné de rose et souvent recouvert d'une patine d'ocre. Telle corolle, heureusement taillée, a la fraîcheur d'un escargot de mer. Les animaux ne se lassent pas d'accoler leurs joues de pierre, ou bien, ployant leur col démesuré, ils flairent le tailloir des chapiteaux.» La plupart des spécialistes estiment qu'à l'origine ce chef-d'œuvre ne se trouvait pas à l'emplacement actuel; pour certains, il devait se trouver plus à l'ouest dans la nef; pour d'autres, il vient de Cuxa, d'où il aurait été retiré pour être mis à l'abri du pillage.

Il faut aussi voir, à Serrabone, l'admirable galerie qui, par des arcs à double colonnade, s'ouvre au midi, sur la montagne environnante, et qui autrefois était le promenoir des moines.

présente cette cathédrale.

Toutefois, le véritable joyau en est le *cloître*, qui, bien qu'assez composite, ne manque pas de grâce ni d'homogénéité dans sa conception. Au fil de ses galeries, de ses chapiteaux, de ses reliefs, se lit l'évolution de l'art religieux roussillonnais de la fin du XIIᵉ à la fin du XIVᵉ siècle; éléments romans et gothiques s'y mêlent sans le moindre heurt. Ce cloître abrite diverses sculptures, dont des sarcophages du Vᵉ ou du VIᵉ siècle, et des pierres tombales de la fin du roman. ■

Deux titres pour Céret

Méconnue de bien des Français cette charmante petite ville du Vallespir pourrait être célèbre à deux titres. C'est d'abord la

▲ *La riche décoration de Serrabone : un art roman d'une grande pureté.*

« capitale de la cerise ». Ce fruit se plaît dans le verger catalan et, dès avril, Céret récolte la « précoce », la « hâtive », le « burlat », le « moreau » et enfin le bigarreau noir.

Quant au second titre, il s'agit de celui de « La Mecque du cubisme ». Au départ, rien d'extraordinaire à ce qu'un sculpteur, Manolo (1872-1945), s'y installe en 1907 : il est Catalan. Mais voici que le rejoignent le peintre Frank Burty Haviland et le compositeur Déodat de Séverac. Et bientôt arrivent des amis des trois artistes (Braque, Picasso, Kisling, Juan Gris, Max Jacob). Matisse et Marquet, fixés à Collioure, viennent souvent en voisins.

« La naissance du cubisme a fait entrer Céret dans l'histoire de l'art contemporain, a écrit Victor Craste, mais elle ne constitue pas le seul apport de cette ville à cette histoire. Dès la fin de la Première Guerre mondiale, Céret accueille plusieurs artistes attirés par le souvenir de « la bande Picasso ». Pierre Picasso est arrivé en 1916. En 1918, Manolo et Déodat de Séverac, éloignés par la guerre, reviennent ici. A partir de 1919, deux grands peintres, Soutine et Krémègne, travaillent devant les paysages catalans... » La seconde « école de Céret » est née, et la liste des créateurs qui vont séjourner dans la petite cité forme un véritable gotha artistique : Masson, Chagall, Gargallo, Lhote, Dufy, Cocteau, Tzara, Saint-Saëns...

Le peintre Pierre Brune a vu le parti que l'on pouvait tirer d'un tel rassemblement. Se faisant offrir un tableau par l'un et par l'autre, il constitua un musée d'Art moderne, inauguré en 1950. ■

Céret : fontaine du patio de l'église Saint-Pierre. édifiée avec les restes ▼ *d'une fontaine romane.*

Un petit monde lumineux : le Vallespir

Face à l'homogénéité de cet art roman qui, en terre catalane, s'est révélé prodigue de monastères, de chapelles, de cloîtres, de sculptures et de fresques, la nature offre une étonnante diversité de paysages. Il suffit de s'enfoncer dans les vallées qui flanquent le Canigou pour s'en rendre compte. Le *Vallespir* est de celles-là. De La Preste jusqu'au Boulou, avant d'arroser la plaine roussillonnaise, le Tech décrit un sillon aux mille et un visages. Les contrastes s'y succèdent, sans pour autant altérer l'unité de ce petit pays où le ciel ne montre que douceur.

Ensoleillé de climat et de cœur, le Vallespir fut, au cours de l'histoire, un pays refuge, fort peuplé parce que fertile et situé à l'écart des grandes voies d'invasion. Il est depuis longtemps très apprécié des curistes (les sources thermales y sont nombreuses), des artistes et, bien entendu, des touristes, auxquels il se révèle à travers les vergers et les champs de céréales de la basse vallée, à travers les bois de hêtres ou de châtaigniers et les pâtures de sa partie haute. Malheureusement, ici encore, la forêt naturelle a été détruite au cours des siècles, tant par les forges que par les chèvres...

Pour la découverte de ce pays, *Le Boulou* peut faire office d'antichambre. Cet important centre touristique bénéficie des privilèges climatiques du bas Vallespir et de la protection de la chaîne des Albères. La vallée du Tech, encore large, abrite roseaux et figuiers sauvages au bord de l'eau, chênes-lièges, cistes et arbousiers sur les collines. Les oliviers, le mimosa ajoutent à la couleur méditerranéenne. Tout respire la sérénité. Certes, le lit de la rivière s'encaisse bientôt, la vallée se rétrécit, le paysage devient plus accidenté, enserré entre les contreforts des Aspres et des Albères. Mais le large bassin dans lequel est installée *Céret*, la véritable porte du Vallespir, vient démentir cette impression soudaine de sévérité. Cernée de vergers où poussent abricotiers, pêchers, cerisiers, au milieu de la verdure de ses platanes, elle est, à elle seule, tout un univers, avec la couleur chaude de ses vieux toits, le murmure joyeux de ses fontaines. Brumes et vents semblent ici inconnus, et on ne peut s'empêcher en la voyant de penser à la Grèce.

Sans doute est-ce pour cela qu'elle fut aimée des artistes. Picasso, Braque, Dufy, Chagall, Soutine furent de cette pléiade de peintres qui y séjournèrent. Le poète Tristan Tzara la chanta. Le compositeur Déodat de Séverac, Languedocien de naissance, y devint Catalan de cœur et composa suites et cantates à la gloire de son pays d'adoption. Aristide Maillol y signa « la Pleureuse », monument aux morts sobre et émouvant.

Il existe à Céret de jolis endroits dont une flânerie permet d'apprécier le charme : des vestiges de remparts, de vieilles ruelles et

Un rude terroir : le Capcir

Au nord de la Cerdagne et à l'ouest du Conflent, dans la vallée supérieure de l'Aude, le petit territoire du *Capcir* apparaît bien différent des autres régions du Roussillon. Cette haute plaine (1 500-1 600 m), environnée de montagnes et orientée nord-sud, connaît un air d'une pureté incomparable, un ensoleillement intense mais un climat assez sévère, avec de longs hivers très enneigés et des étés assez frais, quand souffle le carcanet (vent du nord).

Le paysage est fait de torrents montagnards, d'étangs sauvages, de forêts de pins sylvestres et de pins à crochets (la plus belle est sans conteste celle de la Matte, vaste de 245 ha — les fûts atteignent parfois plus de 20 m) et de prairies solitaires. Mais dans cet univers, qui évoque un parc naturel et où la vie ne semble respecter que le rythme des saisons, l'homme a repris confiance.

Les nombreux villages : *Matemale, Villeneuve-de-Formiguères, Les Angles, Real, Odeillo-de-Real, Rieutort, Puyvalador, Espousouille, Fontrabiouse*, et, au cœur du plateau, la « capitale » : *Formiguères*, avec sa petite église romane des XIIᵉ et XIIIᵉ siècles, vivaient des troupeaux et du travail du bois. Ils s'ouvrent, depuis quelques années, aux sports d'hiver et aux randonnées en montagne, et bénéficient de la proximité des grands lacs de barrage qui agrémentent le Capcir et qui exploitent l'énergie de l'Aude naissante (Matemale, Puyvalador). ■

▲ *Cerné de rocaille, d'herbe rase et de sombres boisements, le lac des Bouillouses, réservoir de la haute vallée de la Têt.*

Village fortifié de la vallée de la Têt, Eus, tassé à flanc de colline ▼ au pied de son église.

places, l'église Saint-Pierre avec son clocher roman et son portail en marbre blanc (fin XIVᵉ s.); enfin, surtout, le pont du Diable, qui enjambe le Tech avec hardiesse et mérite qu'on s'y attarde. Doté d'une arche de 45 m d'ouverture, à 22 m au-dessus de la rivière, il aurait été construit de 1321 à 1341. Plusieurs fois détruit, il aurait été finalement édifié en une nuit par Satan en personne..., légende commune à bien des monuments prestigieux!

Tandis qu'aux environs de Céret les promenades sont nombreuses : le site du pic de Fontfrède (1 094 m) — d'où s'offre une vue panoramique sur les alentours, l'Espagne, la baie de Rosas, le Canigou, les Corbières —, le vieil ermitage de Saint-Ferréol, au seuil des Aspres, avec sa chapelle du XIIIᵉ siècle. Puis la vallée du Tech change d'aspect. Commence une profonde gorge, où la végétation reste cependant la même : oliviers, chênes verts, chênes-lièges, mimosas, figuiers. D'imposantes fermes, des chapelles discrètes jalonnent le parcours sur la rive gauche. Et, soudain, surgit *Palalda*,

miraculeusement posée sur un plateau rocheux, en abrupt au-dessus de la rivière. Une extraordinaire pyramide de vieilles maisons aux murs roses ou blancs, aux toits roux, les tours d'un ancien château, un dédale de rues, c'est là le modèle même du village méditerranéen. Et la haute silhouette du Canigou barre l'horizon.

Non loin de ce cadre aux couleurs évoquant la Toscane, au confluent du Mondony et du Tech, *Amélie-les-Bains* vit à l'heure du thermalisme. Elle doit en effet sa renommée moins à son climat chaud et sec qu'à ses vingt sources sulfurées-sodiques, dont les vertus curatives étaient déjà connues des Romains. L'agglomération se nomma Arles-les-Bains jusqu'au XIXᵉ siècle. Érigée en commune en 1840, elle reçut le nom de l'épouse de Louis-Philippe, la reine Amélie. Mais pour le visiteur avide de beaux sites, elle recèle aussi de nombreuses richesses, et celui-ci n'a que l'embarras du choix : le petit village de Montbolo, perché à 576 m d'altitude, avec son église romane, les gorges du Mondony, superbe défilé encastré dans la

▲ *Clocher roman carré et crénelé,*
étrange jeu de toitures et de fortifications,
l'église des Saintes-Juste-et-Ruffine,
à Prats-de-Mollo.

Les tribulations d'un /

L'histoire du cloître de Sain.
Michel-de-Cuxa ne manque pas de
pittoresque. En 1791, le monastère
est vendu comme bien national. Dès
lors, le merveilleux monument est
condamné. Ses splendides blocs de
marbre vont être dispersés : des
bains publics de Prades utilisent des
chapiteaux, et l'on retrouvera même
des arcades à 200 km de là, à
Aniane, près de Montpellier.
En 1913, un sculpteur américain,
amateur d'art du Moyen Âge,
George-Guy Bernard, achète les
chapiteaux et les colonnes d'Aniane,
puis il essaie de remonter à la
source. À Prades, il se fait céder,
par des particuliers, d'autres
éléments de Saint-Michel-de-Cuxa et
achète au propriétaire des bains les
douze chapiteaux qui ornaient son

→

Près du col de Puymorens,
au bord du torrent de Carol,
les tours en ruine
▼ *qui portent le même nom.*

roche, les gorges du Terme que l'on emprunte après le pittoresque
village de Montalba, juché au-dessus de farouches ravins, le fort de
Sainte-Engrâce qui découvre une jolie vue sur le Canigou. Et, pour
l'amateur de randonnées à pied, le Roc de France (1 450 m) à la
frontière espagnole, et le Canigou.

Toujours remontant la vallée, où l'on voit encore les traces des
crues dévastatrices de 1940, voici *Arles-sur-Tech*. La petite ville, vrai
cœur du Vallespir, serre ses vieilles maisons à auvent et ses rues
pavées autour de l'abbaye la plus ancienne du Roussillon puisque
celle-ci fut consacrée à la Vierge en 778. L'église actuelle, à trois
nefs, a été terminée en 1046 et seule sa façade est du IXe siècle. À
l'intérieur, le dépouillement de l'architecture offre un saisissant
contraste avec le mobilier qui y a été placé : des retables de bois doré
du XVIIe siècle, d'un baroque très espagnol, des reliquaires en argent
finement façonnés par Michel Alerigues (XVe s.). Quant au très beau
cloître gothique en marbre blanc de Céret, intact, il date du
XIIIe siècle. À Arles-sur-Tech vibre l'âme catalane. Le folklore y est
resté très vivant, et s'épanouit lors de la semaine sainte, du carnaval,
des foires ou des pèlerinages.

À mi-chemin entre le bas pays et la haute montagne, s'accentue la
diversité des sites et sont réunis, sous l'impassible vigilance du
Canigou, quelques-uns des plus attachants paysages du Roussillon
montagnard : les impressionnantes gorges de la Fou qui, par endroits,
ont à peine 3 m de largeur et s'enfoncent à plus de 100 m,
encombrées de roches, bruyantes de remous et de cataractes; les
villages de Corsavy et de Montferrer, qui dominent la vallée; la
charmante cité de Saint-Laurent-de-Cerdans, au bord du Quéra, dans
un cadre verdoyant et boisé, le seul endroit où l'on se consacre encore
à la fabrication de sandales.

Mais continuons à suivre le Tech, qui offre désormais vallées et
gorges. Apparaissent sur les pentes les taillis, tandis que pins et hêtres
parent les hauteurs. Puis, des versants escarpés, dénudés. Et, après
cette solitude, une profusion d'arbres et de champs, un cirque paisible
pour *Prats-de-Mollo*, qui commande le haut Vallespir, à 5 km
seulement de la frontière espagnole. Fortifiée dès le XIVe siècle, la
ville eut ses remparts détruits par un tremblement de terre.
Reconstruits, ils furent rasés en 1670 par les angelets, ou miquelets
(paysans du Roussillon insurgés contre la gabelle), et finalement
relevés par Vauban. Les échauguettes, les rues étroites à arcades, le
chemin de ronde, l'église des Saintes-Juste-et-Ruffine, du Xe siècle
(reconstruite au XIIIe et au XVIIe s.), et son clocher roman crénelé du
XIIIe, coiffé depuis 1634 d'un curieux clocher pyramidal, lui gardent
une allure de place forte.

À partir de Prats-de-Mollo (743 m d'altitude), la route s'élève
fortement pour atteindre les 1 513 m du col-frontière d'Ares. Mais,

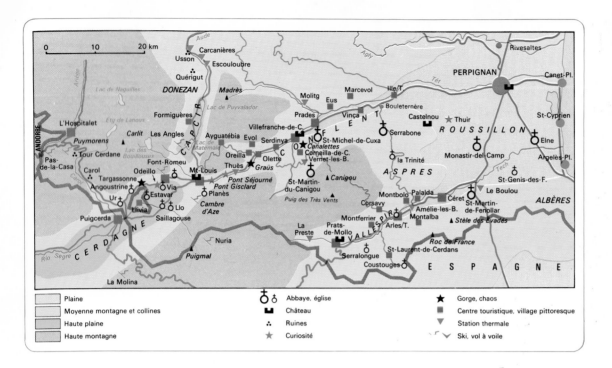

Plaine	Abbaye, église	Gorge, chaos
Moyenne montagne et collines	Château	Centre touristique, village pittoresque
Haute plaine	Ruines	Station thermale
Haute montagne	Curiosité	Ski, vol à voile

établissement. C'est alors que les élus locaux, enfin émus, font classer ces chapiteaux, qui resteront en France. Bernard rentre malgré tout aux États-Unis avec un tableau de chasse important : six arcades, deux piles d'angle — qu'il dresse dans son jardin de Fort Washington à New York — et plusieurs chapiteaux.

En 1926, le Museum of Art de New York achète la collection Bernard, qui comprend, outre les fragments de Cuxa, les cloîtres de Saint-Guilhem-le-Désert et de Bonnefont en Comminges. Et, en 1936, le Museum of Art installe le tout à Fort Tryon Park, qui domine l'Hudson, et entreprend de reconstituer le cloître de Cuxa en dimensions réduites. Pour cela, on fait fabriquer un certain nombre d'éléments avec du marbre venu des carrières de Ria, proches de Prades. C'est aujourd'hui ce que l'on nomme « The Cloisters ». ∎

au-delà de la cité fortifiée, on peut aussi choisir d'aller jusqu'au bout du Vallespir, à *La Preste,* station thermale et point de départ d'excursions — notamment à la source du Tech.

Un verger entre mer et montagne : le Conflent

De l'autre côté du massif du Canigou, le *Conflent,* lui aussi lumineux, sec et chaud, lui aussi fertile et peuplé, correspond à la vallée du Têt, entre Ille-sur-Têt et le pont Gisclard. C'est là terre de vignobles, de vergers, de jardins, dont tout un système de canaux — que la légende attribue aux Maures — permet l'épanouissement.

Au-delà d'Ille-sur-Têt, célèbre par son église gothique au portail de marbre rouge et les curieuses «cheminées de fées» façonnées par les eaux, c'est *Prades,* qui est le centre du bas Conflent. Cette ville, sise dans un verger dominé par le Canigou, doit à Pablo Casals sa renommée mondiale. Le célèbre violoncelliste espagnol, qui s'était installé à Prades, y créa en 1950 un festival de musique qui, chaque année, se déroule désormais à Saint-Michel-de-Cuxa, y réunissant musiciens et mélomanes de tous les continents. Du vivant de l'artiste, ce festival prenait place dans la belle église Saint-Pierre de Prades; celle-ci, reconstruite au XVIIe siècle, a conservé le clocher carré du XIIe, surmonté d'un campanile en fer forgé.

Les environs sont prodigues en très beaux villages : *Bouleternère,* fortifié, au débouché des gorges du Boulès; et surtout ces deux étonnants villages-tas en oppidum : *Eus* et *Marcevol,* dont les toits fauves, accrochés à flanc de soulane, s'étagent au pied de leur église romane. La végétation est toute méditerranéenne, avec ses oliviers, ses chênes verts, ses arbousiers, ses myrtes et ses agaves.

Après avoir pris ce chemin des écoliers, remontons la Têt. *Villefranche-de-Conflent,* l'ancienne capitale de la région, barre la vallée comme un puissant verrou. Elle fut fondée et fortifiée à la fin du XIe siècle par Guillaume-Raymond, comte de Cerdagne, car, par sa situation, elle fermait la route aux invasions des Maures. Les remparts et les tours devaient aussi décourager un turbulent voisin, le comte de Roussillon. Mais c'est en regardant du côté de l'Espagne que Vauban les rajeunit en 1665, leur adjoignant six bastions d'angle. Il devait constater : «C'est une petite villote qui peut contenir quelque 120 feux, fort serrée et environnée de très grandes montagnes, à demi escarpées, qui la pressent de si près que de la plus éloignée on y pourrait jeter des pierres avec une fronde... » Il fit aussi construire, sur la colline du Belloch, à 180 m au-dessus de la rivière, le fort relié à la ville par un escalier souterrain de quelque mille marches. L'ensemble vaut une longue visite : c'est l'une des forteresses les plus complètes qui soient, semblable à une maquette grandeur nature.

Outre l'église Saint-Jacques du XIe siècle, agrandie aux XIIe et XIIIe siècles, et la façade de marbre de l'hôpital, Villefranche offre de vieilles maisons (XIIIe-XIVe s.), typiquement catalanes, qui ont conservé pour la plupart leur appareil de marbre, noirci par le temps.

À 3 km de là, sur la route embellie par les derniers abricotiers, qui contourne le Canigou par l'ouest et mène à Vernet, calme et agréable station thermale, *Corneilla-de-Conflent* fut la capitale politique de l'ancien comté de Cerdagne au début du XIIe siècle. Le comte Guifred, le constructeur de l'abbaye de Saint-Martin-du-Canigou, y surveillait, de son château, la route de son domaine. Le château est aujourd'hui détruit, mais reste la très belle église romane dédiée à la Vierge, édifice remarquable avec sa façade de marbre blanc crénelée, à gauche du solide clocher-donjon carré.

Puis on retrouve la vallée de la Têt au départ de Villefranche pour remonter la rivière vers Olette. À 3 km de ce village, les vieilles maisons de schiste noirâtre d'Évol indiquent déjà la montagne.

Un pays de hautes montagnes

Nous voici maintenant dans le haut Conflent, dans la vraie montagne. Depuis Villefranche, la voie normale du chemin de fer a cédé la place à la voie étroite du petit train électrique de Latour-de-Carol. Passés Canaveilles et Thuès, se dresse, sur la rive droite de la Têt, le sauvage massif de la Carança, dont on peut suivre les gorges par un sentier. Fontpédrouse se signale par son usine hydroélectrique et la vue qu'on en a sur le hardi viaduc Séjourné. Plus loin, un autre ouvrage d'art de la voie ferrée de Mont-Louis, un pont suspendu rigide, est dominé par le monument au commandant Gisclard. Son constructeur, technicien du génie, mourut dans l'accident de chemin de fer qui suivit immédiatement l'inauguration de l'ouvrage, le 31 octobre 1909.

Et puis, la porte de la haute montagne, le seuil de la Cerdagne : *Mont-Louis.* En 1679, après une longue inspection dans la région, Vauban, envoyé pour organiser la défense du Roussillon, décide de construire un fort sur ce petit plateau qui commande, à 1 600 m d'altitude, les vallées de la Têt et du Sègre, voie de la Cerdagne : une étonnante position stratégique, et qui, en l'honneur du Roi-Soleil, prend le nom de Mont-Louis. Les fortifications, restées intactes, se composent d'une citadelle habitée, dont le plan est un carré à bastions, et de remparts à glacis, aujourd'hui agréablement gazonnés et plantés d'arbres.

Mont-Louis est aussi célèbre par le premier four solaire expérimental qui y fut construit et qui, depuis 1969, est remplacé par celui d'Odeillo, tout proche.

*I*ndex

Les lettres placées devant l'indication des pages renvoient aux chapitres suivants :

GT (Canyons et avens du pays caussenard)
CEV (Les murailles du Languedoc, des Cévennes au Sidobre)
NIM (Rome en Languedoc, Nîmes et le pont du Gard)
VVL (De vignes en villages, les trésors du Languedoc)
CAR (Citadelles endormies au soleil du Midi, Carcassonne et ses « fils » des Corbières)
CLR (Côte Vermeille et littoral languedocien)
CAN (Montagnes et abbayes en terre catalane)

Les pages sont indiquées en **gras** lorsqu'il s'agit d'une illustration, en *italique* pour le renvoi à la carte.